Raschid Idrissi
Der Sohn des Imams

W0076292

Für meine Frau
und meine Kinder,
auf die ich sehr stolz bin.

Raschid Idrissi
mit Gabriele Pässler

Der Sohn des Imams

*Wie ein marokkanischer Muslim
im deutschen Gefängnis
von Jesus überrascht wurde*

BRUNNEN
Verlag Basel · Giessen

Bibliografische Information der Deutschen Nationalbibliothek
Die Deutsche Nationalbibliothek verzeichnet diese Publikation in der
Deutschen Nationalbibliografie; detaillierte bibliografische Daten sind
im Internet über www.dnb.de abrufbar.

Die Bibelzitate wurden, soweit nicht anders angegeben,
der revidierten *Hoffnung für alle* entnommen:
© 1983, 1996, 2002 Biblica Inc.™, hrsg. vom Brunnen Verlag Basel.

Die Koranzitate, sofern nicht anders vermerkt, wurden entnommen aus:
Emanuel Kellerhals: *Der Islam. Geschichte, Leben und Lehre.*
Moers: Brendow, 1993.

Die Namen seiner christlichen Freunde wurden nach Rücksprache mit
den Betroffenen auf Wunsch des Autors beibehalten, alle weiteren
Namen wurden geändert.

© 2013 by Brunnen Verlag Basel
Umschlag: Spoon Design, Olaf Johannson, Langgöns
Foto Umschlag: Ahmad Faizal Yahya / Shutterstock.com
Satz: InnoSet AG, Justin Messmer, Basel
Druck: Aalexx Buchproduktion, Großburgwedel
Printed in Germany

ISBN 978-3-7655-4192-6

Inhaltsverzeichnis

Erster Teil

Zweiter Teil

Dritter Teil

Vierter Teil

Der Autor

Raschid Idrissi (Pseudonym) wird 1959 in Marokko geboren. Sein gestrenger Vater ist Muslim und arbeitet als Imam, Vorbeter und Koranschullehrer, die Mutter ist Analphabetin. Nach dem Abitur 1981–1989 Studium der Germanistik in Marokko, Heidelberg und Freiburg im Breisgau. 1992 Gefängnishaft wegen einer Beziehungsgeschichte. Raschid bildet sich weiter und findet im Gefängnis-Bibelkreis zum christlichen Glauben. 1995 heiratet er und lebt bis heute mit seiner deutschen Frau und den beiden Kindern in Süddeutschland. Seit 2007 ehrenamtliche Mitarbeit im Gefängnis-Bibelkreis des Schwarzen Kreuzes.

Zum Geleit

In deutschem Gefängnis inhaftierter Moslem wird Christ

Als Rechtsanwalt und Leiter des Arbeitskreises Freiburg im Breisgau des Schwarzen Kreuzes war ich Zeuge der wunderbaren Veränderung, die Gott in Raschid Idrissis Leben bewirkte.

Als Raschid zu unserem Gesprächskreis in der Justizvollzugsanstalt stieß, war er überzeugter Moslem und ein verbitterter Gefangener. Ich habe miterlebt, wie er sich für Jesus Christus entschieden hat und welche Wunder Gott in seinem Leben gewirkt hat: Aus einem wütenden, zornigen Inhaftierten wurde Raschid zu einem Gefangenen, der Gott vertraute und ihm von Herzen nachfolgte. Dieses Vertrauen zu Gott trug ihn selbst durch schwere Krisen wie die Zeit der geplanten Abschiebung aus Deutschland.

Auch nach der Entlassung hat Gott treu für ihn gesorgt: Wie Raschid es sich gewünscht hatte, konnte er in Deutschland eine wunderbare Familie gründen. Aber lesen Sie diese einzigartige Geschichte doch selbst. Auch heute noch greift Gott in unser Leben ein!

Martin Oettinger,
«Schwarzes Kreuz», Freiburg im Breisgau

Vorwort

Schon lange ist es mir ein Anliegen, ein Zeuge für Gott zu sein. Wenn ich hier also von mir selbst erzähle und davon, was ich mit Gott erlebt habe, tue ich das als Dienst für Gott. Mögen andere Menschen Romane, Fiktives und Erzählungen ersinnen, ich möchte Wahrheit und Wirklichkeit weitergeben.

Knapp dreißig Jahre lang war ich Moslem. Nun bin ich seit etwa zwanzig Jahren Christ, und von Anfang an hat Gott mir klargemacht, dass genau das meine Aufgabe ist: zu berichten, was ich mit Gott erlebt habe. Nun hat sich mein Wunsch erfüllt, und ich bin Gott sehr dankbar, dass er mir dieses Buch ermöglicht hat.

Als Moslem war es für mich sehr schwierig, an Jesus zu glauben. Ich wuchs in einer streng islamischen Familie auf, war Sohn eines Lehrers in der Koranschule. Er war der Vorbeter in der Moschee. Ich durfte nur an den Koran glauben, an Allah und seinen von ihm bevorzugten Propheten Mohammed. Und wie jeder Moslem war auch ich der festen Überzeugung, der Islam sei die beste Religion von allen – und alle Nicht-Moslems seien verdammt. Dies ist tatsächlich die Auffassung des Islams.

Dann kam der Wendepunkt. Ich studierte in Deutschland, und durch ein unglückliches Ereignis landete ich im Freiburger Gefängnis. Ich war verzweifelt. Ich hasste die ganze Welt. Ich haderte mit Gott. Und Gott antwortete – in meinem Inneren. Irgendetwas bewegte mich dazu, an dem Gesprächskreis vom «Schwarzen Kreuz» teilzunehmen. Regelmäßig. Elf Monate lang. Und schließlich wurde ich Christ. Immer noch staune ich darüber, wie Gott mich aus dem Islam herausholte. Das hätte ich nie gedacht, dass ich diese Religion verlassen und Christ werden würde!

Hatte ich früher als guter Moslem über Jesus Christus gelästert, so nahm ich ihn jetzt im Gebet als meinen Erlöser an. Doch dabei blieb es nicht; Gott hat sich mir immer wieder geoffenbart, und ich habe Zeichen und Wunder erlebt. Jesus hat mir klargemacht, dass es nicht darauf ankommt, die richtige Religion zu haben, sondern darauf, in Jesus Christus den wahrhaftigen und lebendigen Gott zu kennen und von seinem Heiligen Geist erfüllt zu sein.

Seit vielen Jahren bin ich nun Christ und bedaure das nicht im Geringsten. Im Gegenteil, ich bin Gott sehr dankbar, dass ich nun nicht mehr nur einer von sieben Milliarden Menschen bin, sondern sein geliebtes Kind.

An dieser Stelle möchte ich auch meinem großen Respekt vor den Mitarbeitern des Schwarzen Kreuzes Ausdruck verleihen und ihnen danken. Sie haben es mir ermöglicht, im Gefängnis die Liebe Jesu zu erleben. Diese Liebe hat mir hinter Gittern innere Freiheit geschenkt und mich zu einem neuen Menschen gemacht.

Diese Leute, gläubige Christen im wahrsten Sinne des Wortes, kamen freiwillig regelmäßig von draußen in die Anstalt, um uns Gefangenen von der Liebe Jesu, seiner Barmherzigkeit und seiner Freiheit zu erzählen. Bis heute tun sie das – aus Glauben, ehrenamtlich, ohne jeden materiellen Gewinn. Für mich sind diese Mitarbeiter von Gott auserwählte Menschen, die wirklich tun, was das Wort Gottes sagt, und nicht nur von einer Religion schwärmen.

Die Arbeit des Schwarzen Kreuzes ist nicht in allen Ländern der Welt möglich. Aber wenn ein Strafgefangener diese Chance hat, kann ich ihm nur wärmstens empfehlen, diesen Menschen zu vertrauen und sein Herz für diesen Glauben an Jesus Christus zu öffnen. Als Inhaftierter habe ich Freiheit gefunden, nachdem ich mich für Jesus geöffnet, ihm die erste Priorität in meinem verkrachten Leben eingeräumt und meine verzweifelte Situation in seine Hände gelegt hatte. Ich habe seine Gnade und seine Liebe erfahren.

Schon so viele Gefangene wurden im Gefängnis errettet – durch die Gnade und die Liebe Gottes in Jesus Christus. Ich habe es selbst erlebt und an anderen gesehen: Man beginnt, sich selbst zu vergeben und den anderen Menschen auch. Die Gesichter beginnen zu strahlen, und ein wirklich neues Leben beginnt. Das ist wahr!

Jesus selbst hat es gesagt (das steht in der Bibel, Lukas 15, Vers 10): «Genauso freuen sich die Engel Gottes über einen einzigen Sünder, der ein neues Leben anfängt» (Gute-Nachricht-Bibel). Und in Johannes 16, Vers 22 sagt Jesus: «Auch ihr seid jetzt sehr traurig, aber ich werde euch wiedersehen. Dann werdet ihr froh und glücklich sein, und diese Freude kann euch niemand mehr nehmen.»

Diese Botschaft möchte ich weitergeben. Sie kommt von dem wahrhaftigen Gott, der allein Menschen heilen und verändern kann. Ihm sei Ehre und Dank in Jesus Christus!

Auch aus mir hat er einen Mitarbeiter des Schwarzen Kreuzes gemacht. Als ehemaliger Gefangener habe ich nun selbst das große Vorrecht, anderen Gefangenen regelmäßig zu bezeugen, was Gott an mir getan hat und wie gut er ist. Welch ein Segen!

Raschid Idrissi

Erster Teil

Luftballons und Ohrfeigen

Meine Erinnerungen reichen bis in die frühe Kindheit zurück: Im Alter von zwei Jahren wurde ich beschnitten. In Anlehnung an die Beschneidung Abrahams und Ismaels, von der sowohl in der Bibel als auch im Koran berichtet wird, werden im Islam alle Männer möglichst in der frühen Kindheit, auf jeden Fall aber vor Vollendung des 13. Lebensjahrs beschnitten. Ich bin Marokkaner und stamme aus einer sehr islamisch geprägten Familie.

Ich war gerade mal zweieinhalb Jahre alt und erinnere mich noch gut daran, wie ich wenige Minuten nach meiner Beschneidung im Bett meiner Eltern lag. Ich hatte schreckliche Schmerzen! Zur Beruhigung und Ablenkung hatte man viele bunte Luftballons aufgeblasen und über dem Bett aufgehängt. Um mich herum lagen bunt verpackte Süßigkeiten. Die Schmerzen kamen und gingen wie die Besucher.

Das war Anfang der 1960er-Jahre; inzwischen bin ich über fünfzig Jahre alt. Auch das weiß ich noch: Meine Mutter hatte an diesem Tag ein Hähnchen gegrillt, extra nur für mich, und eine böse hungrige Katze aus der Nachbarschaft klaute es und fraß es auf. *Mein* Hähnchen!

Wir lebten in einer sehr alten und recht großen Stadt. Mein Vater war Koranschullehrer und Vorbeter in einer Moschee, die der Staat zur Verfügung gestellt hatte. Zu seinen Pflichten als Imam gehörte es, in der Moschee die fünf täglichen Gebetszeiten zu leiten. Er war immer pünktlich!

Mein Vater war also ein sehr gläubiger Moslem und kannte den ganzen Koran auswendig. Deshalb war er bei vielen Menschen hoch angesehen, vor allem bei unseren Nachbarn, aber auch in vielen Gassen unseres Stadtteils und anderen Vierteln der Altstadt. Viele Bewohner schickten ihre Kinder zu meinem Vater in die Koranschule, für den Unterricht bezahlten sie meinem Vater Schulgeld.

Der Besuch der Koranschule war notwendig zur Vorbereitung auf den Schulbesuch. Hier lernten die Kinder das Lesen und Schreiben – und auch das Stillsitzen. Kindergärten gab es damals noch keine.

Einige Monate nach meiner Beschneidung beschloss mein Vater, mich jetzt auch zur Koranschule mitzunehmen. Meine beiden älteren Brüder gingen schon länger dorthin. Wie jedes Kind musste ich Koranverse und ganze Suren (Kapitel) auswendig lernen – Stück für Stück, in Wort und Schrift.

Morgens wurden wir zuerst vom Lehrer geprüft, also von meinem Vater. Bei jedem Fehler gab er uns schallende Ohrfeigen, und von den Kniffen hatten wir blaue Flecken am Oberschenkel. Möge der Herr ihm vergeben! Jeder Tag war für mich die Hölle auf Erden.

Eines Tages bekam ich nach einer Ohrfeige Kopfschmerzen, und anschließend wurde es mir am ganzen Körper sehr warm. Weinend und fiebernd kam ich nach Hause zurück; meine Mutter wusste sofort, wem dies zuzuschreiben war.

Sie nahm mich in den Arm und tröstete mich – und dann schrie sie meinen Vater an. Ich bekam wirklich Angst, mein Vater könnte sie schlagen. Er war mit uns allen sehr streng. Obwohl er keinen Tropfen Alkohol anrührte (er rauchte auch nicht), hatte er unsere Mutter schon öfter vor unseren Augen beleidigt und geschlagen. Niemals gab er ihr recht, geschweige denn uns, seinen eigenen Kindern. Eigentlich konnte man ihn als Diktator und Despoten bezeichnen.

Eine neue Welt: Schuljahre

Sowohl zu Hause als auch in der Koranschule bekam ich meines Vaters ganze Härte zu spüren. Im Alter von fünf Jahren kannte ich schon ein Drittel des Korans in Wort und Schrift auswendig. Daneben musste ich auch das Rechnen lernen, um mich auf die Schule vorzubereiten. Von meinen mathematischen Fähigkeiten war mein Vater so begeistert, dass er mich schon als Fünfjährigen zur Schule schicken wollte.

Der Direktor der Schule wollte mich aber nicht nehmen, ich war ja noch so jung, und so zog er einige Lehrer hinzu. Auch sie waren dagegen. Doch sie kannten meinen Vater nicht! Der bestand auf einer Prüfung und auf einem Vergleich mit älteren Schülern.

So wurde ich von den Lehrern aufgefordert, aus dem Koran vorzulesen. Mein Vater wendete schmunzelnd ein, das sei nun doch wirklich zu leicht, sie sollten etwas Schwereres verlangen. Ich erntete Applaus! Dann schlug er ihnen vor, meine Rechenkünste zu testen. Auch dieses Mal rief ich Staunen hervor, und schließlich beschlossen sie, mich gegen jede Regel in die Schule aufzunehmen. So kam ich in die erste Klasse.

Das war für mich eine gewaltige Umstellung! Alles war so ordentlich, so modern. Besonders gefielen mir die Schreibtische, die Bänke, die Bilder an der Wand und all die vielen Bücher mit den lustigen Illustrationen. Die Bücher hatten es mir bald angetan, und meine Fantasie malte bald viele neue Bilder hinzu.

Aber auch jetzt hatte ich einen sehr strengen Lehrer. Statt der gewohnten Ohrfeigen und Kniffe gab es bei ihm Schläge mit einem dünnen und harten Stock – bei jedem Fehler, Tag für Tag.

Jeden Monat schrieben wir eine Klassenarbeit über den gesamten Lernstoff, und jeden Monat bekam ich eine Eins. Ich war eben doch der Beste. Von meinem Vater erntete ich dafür aber nur ein müdes Lächeln. Er freute sich zwar über meinen Erfolg, aber er hatte wohl ein eisernes Herz, ein Herz aus Stein.

Hochzeit in der Nachbarschaft

Ich war etwa sieben Jahre alt, als in der Nachbarschaft eine Hochzeit gefeiert wurde. Ich kannte das Haus gut, es war riesengroß und hatte zahlreiche Zimmer. In den vielen Ecken und Winkeln ließ es sich besonders gut Verstecken spielen.

Meine ältere Schwester hatte von ihrer besten Freundin erfahren, dass an jenem Abend das Brautpaar ins Bett des Bräutigams gehen und die Ehe vollziehen sollte. Ich war noch ein Kind, trotzdem interessierte mich das sehr! Also schlich ich mich zu der Tür und horchte und spähte durchs Schlüsselloch. Ich konnte sie nur stöhnen hören und musste laut lachen. Auch meine Schwester und ihre Freundin fanden es lustig und lachten ebenfalls. Diese Episode habe ich nicht vergessen.

Sehr beeindruckend war auch, was danach geschah: Allen Hochzeitsgästen und sogar der ganzen Straße wurde das Blut der Braut gezeigt! Sobald die Ehe vollzogen ist, schaut der Mann nach, ob seine Braut auch wirklich geblutet hat. Dann nimmt er den Beweis selbst in die Hand – es kann ihre Hochzeitshose sein oder ein großes Tuch –, geht vor die Tür und wirft den Wartenden voller Stolz den blutgetränkten Stoff hin. Dann geht er zu den Männern, die schon auf ihn warten und ihn bejubeln.

Auch die Braut soll nicht zu kurz kommen: Noch während sie im Ehebett liegt, kommen ihre Mutter und die Frauen aus der Verwandtschaft und bejubeln sie. Dann wird gesungen und gefeiert, und dabei wird das Blut öffentlich ausgestellt. Das entspricht der islamischen Tradition, ob in Ägypten, im Libanon, in Syrien, Algerien, Marokko oder Pakistan; so wird im Islam Hochzeit gefeiert.

Heiraten im Islam

Der Beginn einer Ehe ist sehr wichtig. Die Braut muss noch Jungfrau sein. Das ist eine Frage der Ehre für alle Beteiligten, sowohl für den Mann als auch für die Braut und ihre ganze Familie. Es ist mindestens genauso wichtig wie ihre Zugehörigkeit zum Islam.

Schon als Kind wusste ich, dass ein Moslem nur eine Muslimin heiraten sollte und umgekehrt. Der Islam erfordert dies von jedem Moslem. Die Frau soll aber bei der Hochzeit noch Jungfrau sein. Wenn man am Tag der Hochzeit feststellt, dass die Braut keine Jungfrau mehr war, ist das eine große Schande. Die Hochzeit wird infrage gestellt, und die Familienmitglieder fangen an, heftig zu streiten, bis die ganze Nachbarschaft darüber im Bilde ist.

Für Frauen ist es sicher kein Vergnügen, im Islam zu leben. Gleichheit und Demokratie im Islam? Ein Mann darf bis zu vier Frauen gleichzeitig haben – natürlich nur, wenn er in der Lage ist, sie alle zu versorgen. Aber keine von ihnen darf schon entjungfert worden sein!

Aber wer entscheidet, wen der Mann heiratet? Das wird in der Stadt inzwischen etwas lockerer gehandhabt als auf dem Land.

Auf dem Land wird vor einer Hochzeit streng islamisch verhandelt. Das Mädchen hat dabei nichts zu sagen; sich als Frau selbst einen Mann auszusuchen, wäre eine große Schande. Also sorgen entweder die Eltern dafür, oder die Verwandten suchen einen Mann für das Mädchen. Hat man einen geeigneten gefunden, dann wird zwischen den Eltern der beiden verhandelt.

Die Eltern des Mädchens müssen der Hochzeit zustimmen, sonst kommt sie nicht zustande. Der Bewerber muss ihnen eine bestimmte Geldsumme bezahlen und der Tochter eine bestimmte Menge an Goldschmuck geben. Das ist in islamischen Ländern eine Art Versicherung – im Falle einer Scheidung darf die Frau als Einziges ihren Schmuck behalten.

Dazu möchten die Eltern sicher sein, dass der Mann ein Dach über dem Kopf hat; ob er allerdings noch bei seinen Eltern wohnt oder anderswo, ist dabei absolute Nebensache. Auf dem Land wohnen die erwachsenen Kinder in der Regel auch nach der Hochzeit weiterhin mit ihren Eltern zusammen. Dies ist für die alten Eltern die Alterssicherung; eine Rentenversicherung wie in Europa ist in den meisten islamischen Ländern unbekannt.

In größeren Städten wird das unterschiedlich gehandhabt, je nachdem, ob die beiden Familien traditionell oder modern leben. Das Wichtigste ist dabei immer noch, dass die Braut tatsächlich noch Jungfrau ist. Aber in Bezug auf die Brautsuche sieht man es in größeren Städten inzwischen etwas unverkrampfter. Zumindest darf sich der Mann seine zukünftige Frau aussuchen; auf dem Land hätte er keine Chance, das zu tun. Aber auch in der Großstadt handeln dann die Eltern der Brautleute oder ihre Verwandten die Ehe aus. Da das Leben in der Stadt teurer ist, ist auch der Brautpreis höher.

Noch wichtiger ist die Arbeitsstelle des Mannes oder sein Beruf – denn damit sichert er ja die Zukunft der Braut. Meistens reicht es nicht aus, dass der zukünftige Mann noch bei seinen Eltern wohnt. Auch in arabischen Ländern wollen Frauen heute unabhängig leben und nicht mehr die Schwiegereltern versorgen müssen wie auf dem Land.

Mit den Schwiegereltern in einem Haushalt zu leben ist für die Braut meist sehr schwer. Zumindest wird sie beeinflusst, herumdirigiert und gegängelt.

Dies alles habe ich jahrelang beobachtet, sowohl in modernen als auch in traditionellen Familien. Das wirkt sich nicht nur auf die jungen Eheleute selbst und ihre Beziehung aus, auch die Verwandten der beiden spüren die Spannung, und der Streit weitet sich aus. Am Ende scheitert die Ehe, und der Mann entlässt die Frau.

«Lieber ein Ende mit Schrecken als ein Schrecken ohne Ende», sagt ein deutsches Sprichwort. Jedenfalls wäre es für die arme Frau noch schlimmer, jahrzehntelang in solch einer Ehe leben zu müssen.

Fromm, fleißig, hart

Noch mit achtzig versah mein Vater seinen Dienst als Vorbeter in der Moschee. Der Islam schreibt fünf Gebetszeiten am Tag vor, und sein Leben lang musste mein Vater fünf Mal am Tag zum Vorbeten in die Moschee. Eigentlich könnte man von einem Menschen, der jahrzehntelang mehrmals täglich seinen Gott anbetet und seine Botschaft an die Menschheit auswendig kennt und sie auch andauernd anderen vermittelt, Freundlichkeit, Zuneigung, Interesse und Liebe erwarten und nicht Härte und Grausamkeit. Nennt man Allah nicht den Allbarmherzigen?

Mein Vater war überzeugt, seine frommen Rituale perfekt auszuführen; er war ein sehr selbstgerechter Mensch. Für sich selbst beanspruchte er, den Geist Allahs empfangen zu haben – und damit auch nach dem Tod einen sicheren Platz im Paradies.

Zu Hause lächelte er nur selten, und dann auch nur, wenn wir Gäste hatten. Von seiner Frau, unserer lieben Mutter, und von uns Kindern ließ er sich bedienen – aber immer nur auf Befehl. Und wehe, irgendetwas war nicht in Ordnung! Da konnte er schon einmal den voll gedeckten Mittags- oder Abendtisch umkippen; doch reichte dies noch nicht aus, um seinen Zorn zu besänftigen. Meine arme Mutter hatte stundenlang das Haus geputzt und das Essen zubereitet; wenn er dann alles auf den Boden kippte, musste sie wieder alles aufräumen und putzen – und dabei noch zittern.

Neben seiner Tätigkeit als Koranlehrer und Vorbeter in der Moschee arbeitete mein Vater mit eisernem Fleiß zu Hause als Schneider; er fertigte traditionelle arabische Bekleidung an. Er war schon immer ein arbeitssüchtiger Mensch gewesen, im wahrsten Sinne des Wortes; Urlaub und Freizeit gehörten nicht zu seinem Wortschatz.

Bei seiner Arbeit musste die Familie mithelfen, wir mussten Sachen ändern, zuschneiden, bügeln und den Arbeitsplatz aufräumen. Für mich persönlich war das eine sehr große Belastung, ich musste ja auch für die Schule lernen und wollte dabei erfolgreich sein. Dabei ließ mir mein Vater kaum Zeit für die Schulaufgaben, geschweige denn zum Spielen mit anderen Kindern. Ich hasste die schulfreien Tage und die Ferien und Wochenenden. Während meine Schulkameraden spielen und sich vergnügen durften, musste ich den ganzen Tag arbeiten.

Bei dieser überaus harten Erziehung war mein Humor für uns alle ein Lichtblick. Wenn mein Vater außer Haus war, brachte ich meine Mutter und die Geschwister mit meinen Gesangs- und Tanz-Darbietungen oder meinen schauspielerischen Fähigkeiten immer wieder zum Lachen, und wir alle genossen diese unbeschwerten Augenblicke.

Allah, der strenge Richter

Meine Mutter war Analphabetin und ist es bis heute. Von der islamischen Religion kannte sie nur die fünf Gebote: Verbot von Schweinefleisch, fünf tägliche Gebetszeiten, Fasten im Ramadan, Almosengeben und die Pilgerfahrt nach Mekka.

Da sie es nicht besser wusste, nahm sie das Verhalten meines Vaters als von Allah vorgeschrieben an und akzeptierte deshalb, dass ihr Wort bei ihm nichts galt. Auch wenn mein Vater sie oder uns Kinder ununterbrochen und ganz zu Unrecht beschimpfte, meine arme Mutter gab ihm immer recht.

Wenn er außer Haus war, schärfte sie uns immer wieder ein: «Egal, was euer Vater euch und mir antut, ganz gleich, was er sagt – er ist euer Vater. Allah, unser Gott, hat ihn für unsere Familie bestimmt. Mir, seiner Frau und eurer Mutter, fällt es auch schwer, dies alles zu verkraften. Dennoch muss ich eurem Vater untertan sein. Nur Allah kann ihn richten. Wenn er uns Böses antut, wird Allah am Tag des Gerichtes uns dafür belohnen. Wir müssen eurem Vater gehorchen!»

Beinahe ertrunken

Eines Tages befahl mir mein Vater, die Fassade der Koranschule zu weißeln. Ich ging noch zur Schule und hatte gehofft, an dem schulfreien Freitag doch ein wenig Freizeit zu finden. Und nun musste ich die dunkle, schmutzige Koranschule verschönern! Dabei war ich Schüler und kein Fachmann. Noch nicht einmal «Bitte» hatte mein Vater gesagt, er hat mich einfach dazu gezwungen.

Eigentlich waren es zweierlei Fassaden. Die auf der Straßenseite war nicht sehr hoch, und ich war schnell damit fertig. Die andere Seite dagegen war sehr schwierig; zwischen Hauswand und Abwasserkanal war nur wenig Platz und dazu ein starkes Gefälle. Die Wand war mir viel zu hoch, deshalb wollte ich von unten anfangen. Dann stellte ich die Leiter auf – und fiel dabei in das stinkende Wasser.

Natürlich wollte ich so schnell wie möglich aus der Dreckbrühe herauskommen, doch die Strömung war zu stark und trieb mich flussabwärts. Ich versuchte, mich auf meine Füße zu stellen, aber der Boden war rutschig. So kippte ich wieder um und trieb weiter. Ich sah den sicheren Tod vor Augen.

Da – eine kleine Treppe! Ich versuchte sie zu erreichen; sie war meine einzige Rettung. Ich erreichte sie auch tatsächlich, doch die Strömung war stärker. Nun schluckte ich sogar Wasser und war sicher, gleich zu ertrinken. Niemand sah mich, keiner kam mir zu Hilfe.

Nun kam wieder eine niedrige Stelle – wahrscheinlich meine letzte Hoffnung. Dieses Mal schaffte ich es und verließ das Wasser. Weit von meinem Arbeitsplatz entfernt und dazu noch auf der anderen Seite des Flusses, schmutzig und stinkend, fragte ich mich: *Womit habe ich das verdient?*

Es war ein heißer Sommertag, und ich trug eine Gandora, ein langes, weites, weißes arabisches Hemd. Dieses Hemd war übel zugerichtet. Ich schämte mich sehr und lief auf dem schnellsten Wege nach Hause.

Meine Eltern saßen schon beim abendlichen Tee. Meine Mutter schrie auf: «Oh Gott, was ist mit dir los, mein lieber Sohn?»

Zornig schleuderte ich meinem Vater die Wahrheit ins Gesicht: «Ich habe meinem Vater gehorcht. Deshalb bin ich in das Abwasser der ganzen Stadt gefallen und habe nur mit großer Mühe überlebt. Aber mein Vater sitzt da und trinkt in aller Seelenruhe seinen Tee!»

Anstatt mich zu trösten, erwiderte mein Vater gleichmütig, ich hätte eben besser aufpassen sollen.

Pack den Hund!

Ich erinnere mich noch an einen anderen schulfreien Tag. Ich war zwölf Jahre alt und ging ausnahmsweise mit einigen Schulkameraden ins Freie, um Fußball zu spielen. Es war ein schöner Frühlingstag, und alles blühte. An solchen Tagen machen viele Familien Picknick draußen vor der Stadt; wir taten das nur sehr selten. An diesem Tag jedenfalls amüsierte ich mich stundenlang mit meinen Kameraden, bis kurz vor Sonnenuntergang wir Kinder plötzlich ganz alleine waren. Meinen Freunden war das egal, nur ich hatte Angst: Zu Hause würde die Hölle los sein. Was sollte ich tun? Sie ließen sich einfach nicht zum Heimgehen bewegen.

Plötzlich war da eine kleine Herde Schafe und Ziegen vor mir. *Nun*, dachte ich, *wir sind zu acht. Wenn nun jeder von uns ein Schäfchen oder ein Lämmchen klaut, dann kann keiner länger hierbleiben, und meine Eltern freuen sich noch darüber.*

Gedacht, getan: Ich hob ein kleines Lamm auf beide Arme, und alle taten es mir nach. Nun rannten und rannten wir über die Hügel und Wiesen bis zur Stadtmauer. Ich dachte schon, wir hätten es geschafft.

Da schrie plötzlich jemand: «Halt, halt, halt! Hilfe, meine Schafe!»

Wir hatten alle Angst, festgenommen zu werden, ließen unsere Beute fallen und rannten davon.

Verschwitzt und ganz außer Atem kam ich nach Hause. Wie immer in solchen Fällen log ich meinen Vater an – ich sei bei einem Schulfreund in einem anderen Stadtteil gewesen, und wir hätten gelernt.

Mein Vater hörte nicht weiter zu, sondern befahl meinem ältesten Bruder: «Pack den Hund! Beine hoch!»

Mein Bruder gehorchte sofort. Nun zog mein Vater seinen dicken, harten Ledergürtel aus der Hose und schlug damit ohne Ende auf meine Fußsohlen ein.

Wie sehr ich auch schrie, er machte immer noch weiter.

Saat und Ernte

Mit einer allzu strengen Erziehung erzeugt man in Kindern nur Aggressivität, Zorn und Bitterkeit – man erntet immer, was man gesät hat, auch wenn man damit eigentlich Fügsamkeit erzielen will. Aber im Rückblick kann ich auch erkennen, wie sehr Gott mich schon damals liebte, als ich noch Kind war. Allgemein war ich sehr beliebt, bei Nachbarn, Freunden und Verwandten. Schon damals schenkte Gott mir Freundlichkeit und Hilfsbereitschaft.

Vor allem mit den Bettlern, die entweder blinde Augen hatten oder verkrüppelt waren, hatte ich großes Mitleid. Wenn sie an unserer Haustür klopften, gab ich ihnen gerne ein wenig Geld oder etwas zu essen. Auch in der Schule war ich hilfsbereit: Bei den Klassenarbeiten ließ ich meine Schulkameraden abschreiben oder half ihnen heimlich, damit sie keine schlechten Noten bekamen, und ersparte ihnen damit viele Stockschläge.

Alles aus Angst

Die Wut über die grausame, ungerechte Behandlung durch meinen Vater und die Unzufriedenheit mit meiner Familie waren allerdings mindestens genauso stark wie die Summe meiner guten Eigenschaften; dazu fühlte ich mich Gleichaltrigen gegenüber unterlegen. Die Unerbittlichkeit meines Koranschullehrer-Vaters, mir kleinem Kind gegenüber, seine Strenge in der Familie und seine hohen Erwartungen an mich, meine Angst vor ihm, die gespannte Atmosphäre zu Hause, die allzu knappe Freizeit und der Umstand, dass ich nicht mit anderen Kindern spielen durfte – das alles ließ mich mit Allah hadern, und ich war oft kurz davor, vom erlernten Glauben abzufallen. Oft dachte ich: *Immer unter Kontrolle und in Angst leben und dazu nach dem Tod in die Hölle? Nein danke!*

Denn nach dem islamischen Glauben retten einen weder Allah noch sein auserkorener Prophet Mohammed vor der Strafe. Laut Koran werden am Jüngsten Tag die guten Taten jedes einzelnen Menschen mit seinen Missetaten verglichen. Im Koran ist von einer Waage die Rede, die unsere Werke auf Erden exakt anzeigt – und nach dieser wird Allah den Menschen richten.

Darüber hinaus gibt es noch die vage Möglichkeit, dass man nach dem Urteil Allahs und seiner Strafe doch noch gerettet werden könnte, wenn man in diesem Leben an den Propheten Mohammed geglaubt habe. Aus diesem Grund fürchtete ich Allah doch und erledigte in der Moschee oder zu Hause meine fünf täglichen Gebete, hielt den Ramadan und bemühte mich natürlich auch, gehorsam den übrigen Forderungen unserer Religion nachzukommen.

Die Erziehung im Elternhaus und die islamische Lehre haben meine Psyche mehr oder weniger negativ geprägt. Schon als Kind gab ich es nie zu, wenn ich wieder einmal etwas kaputtgemacht hatte; ich hatte zu viel Angst. Denn auch wenn ich nichts dafür konnte, wurde ich immer bestraft. So erfand ich immer neue Ausreden und brachte mich doch immer wieder in diese Situationen. Genau wie damals, als ich zu spät nach Hause gekommen war – ich wusste genau, dass ich dafür bestraft würde; dennoch tat ich es mit voller Absicht immer wieder.

Deutsch

Nach der fünfjährigen Grundschule durfte ich das Gymnasium besuchen. Im Gymnasium gibt es sieben Klassen, aber anders als in Deutschland lernen alle Kinder gemeinsam, sie werden nicht in verschiedene Schulen geschickt. Nur wer das Klassenziel erreicht hat, wird versetzt. Das ist für jeden Schüler ein harter Kampf, sehr viele müssen das Schuljahr wiederholen.

Schon in den ersten Klassen des Gymnasiums hatte ich viel Freude an Fremdsprachen. Fremdsprachen und Fußball waren sozusagen meine Favoriten, daneben konnte ich meine Unterhaltungstalente nicht nur bei Schulfesten gut einsetzen. Bei besonderen Gelegenheiten beteiligte ich mich mit großer

Freude an Aufführungen, und hätte es damals so etwas wie «Marokko sucht den Superstar» gegeben, ich hätte ganz sicher mein Glück versucht!

Mit meinem Humor war ich unter meinen Mitschülern gut angesehen, lockerte er doch den grauen Alltag immer wieder auf. Und ich konnte so manche Situation entschärfen oder zumindest erträglich machen. Damals war ich überzeugt, immer die richtige Lösung zu haben. Heute, als Erwachsener, wäre ich da nicht immer so sicher.

Wenn meine Eltern wieder einmal eine Auseinandersetzung hatten, sagte ich oft etwas, woraufhin sie beide plötzlich lächelten und den Streit beendeten. Anschließend lobte mich meine Mutter immer dafür, denn sie hatte großen Respekt vor ihrem Mann, meinem Vater. Auch meine älteren Geschwister bewunderten mich, dass ich meinem robusten Vater gegenüber so mutig war und dabei mitunter sogar ein Tabu brach.

So sagte ich meinen Eltern einmal, ich würde mich fragen, wie sie es nur geschafft hätten, sechs Kinder zu zeugen (wir sind noch fünf Geschwister, das sechste Kind starb früh). Darüber mussten sie lachen, und die Situation war gerettet.

Französisch und Arabisch beherrschte ich schon in Wort und Schrift. So begann ich, in eigener Regie Englisch zu lernen. Ich wusste, dass die meisten Kinder in der Schule später Englischunterricht haben würden, und ich wollte gute Noten bekommen.

Ich machte gute Fortschritte. So nahte die Versetzung in die Klasse, in der der Unterricht der zweiten Fremdsprache begann. Welche Enttäuschung, zu Beginn der Sommerferien von der Schulverwaltung zu erfahren, dass meine zweite Fremdsprache Deutsch sein sollte! Nun hatte ich umsonst Englisch gelernt!

Nachdem ich meine Enttäuschung bewältigt hatte, kaufte ich mir ein Deutschlehrbuch in Französisch. Dieses Buch verwendete dieselbe Methode wie das Englisch-Buch, in dem ich schon recht weit gekommen war. Ich nutzte die Ferien, um schon einiges zu lernen.

Mein erster Deutschlehrer kam aus Berlin. Vom ersten Tag an staunte er, wie viel ich schon wusste. Ob ich die Klasse wiederhole, wollte er wissen; meine Klassenkameraden belehrten ihn des Gegenteils. Dann erklärte ich ihm, dass ich seit zwei Monaten nur Deutsch gelernt hatte.

In den ersten Jahren des Deutschunterrichts erhielt ich ständig Bestnoten. Meinen Eltern war das gar nicht recht. Für sie wie für jeden Marokkaner war Deutsch eine so fremde Sprache wie die chinesische oder japanische. Französisch, Englisch oder Arabisch klingen in ihren Ohren und in ihrem Verständnis ganz anders als Deutsch.

Mein Vater und meine Mutter mischten sich beide in meine Bildung ein, und das passte mir überhaupt nicht. Typisch Teenager, beschloss ich deshalb, nach dem Abitur Germanistik zu studieren. Damit verfolgte ich zwei Ziele: Dieses Studium war einerseits nur in der Landeshauptstadt Rabat möglich; andererseits gab es in Marokko viel zu wenig Deutschlehrer, und genau das war mein Traumberuf.

Abiturstufe

Nun hatte ich also die vorletzte Hürde genommen und freute mich, die Abiturstufe erreicht zu haben. Dieses letzte Jahr im Gymnasium, die Vorbereitung auf das Abitur, war sehr interessant, aber im Vergleich zu den bisherigen Klassen sehr herausfordernd. Wir hatten plötzlich beinahe doppelt so viele Unterrichtsfächer wie bisher. Das Ergebnis war, dass viele meiner Mitschüler dieses Jahr wiederholen mussten. Auch mir sollte es nicht besser gehen.

Das Schuljahr zu wiederholen ist für marokkanische Schüler nichts Außergewöhnliches. In den höheren Klassen gibt es deshalb große Altersunterschiede – die Abiturienten sind zwischen 18 und 23 Jahre alt, je nachdem, wie oft sie die vorigen Klassen wiederholen mussten.

In Marokko sind Bildung und Studium äußerst wichtig. Wer keinen Abschluss hat, steht später auf der Straße. Es gibt praktisch keine Alternative zu einem Studienabschluss. Das duale System der Ausbildung in Deutschland ist in Marokko unbekannt. Es gibt auch keine Ausbildungsförderung und kein Arbeitslosengeld, und die staatlichen Hilfen sind kaum der Rede wert. Nur wenige Studenten erhalten für die ganze Studienzeit ein Stipendium.

Umso wichtiger ist es, einen Bildungsabschluss vorweisen zu können. Die Namen aller erfolgreichen Abiturienten des ganzen Landes werden in der Zeitung veröffentlicht, und zwar an einem einzigen Tag und in alphabetischer Reihenfolge. Mit großer Spannung suchen Freunde und Verwandte nach Namen, die sie kennen. Wenn dann selbst ein recht guter Schüler nicht zu finden ist, ist das ein großer Schock für alle.

Es ist ein wenig vergleichbar mit der Suche nach einem Ausbildungsplatz in Deutschland: Nicht jeder, der einen Platz verdient hätte, bekommt ihn auch. Beim zweiten Mal hatte ich es geschafft, und auch mein Name stand in der Zeitung. Das war für mich und meine Familie ein sehr glücklicher Tag. Aber nun habe ich vorgegriffen; jetzt hatte ich es erst einmal in die Abiturientenklasse geschafft.

Nach vielen Jahren freue ich mich jetzt noch aus einem ganz anderen Grund darüber, dass ich zur Vorbereitung auf das Abitur zugelassen wurde: Hier erfuhr ich zum ersten Mal etwas über Jesus und das Christentum. Als Moslems hatten wir ja nie etwas über andere Glaubenslehren lernen dürfen.

Eins der vielen Fächer war Philosophie; die Auseinandersetzung zwischen Judentum, Christentum und Islam nahm darin einen breiten Raum ein. In dieser Zeit fragte ich mich, wo eigentlich die Wahrheit lag. Diese Frage wurde immer lauter in mir. Dabei dachte ich nur in zweiter Linie an die Unterschiede zwischen den großen Weltreligionen; weit mehr beschäftigte mich, was ich über den Islam erfuhr.

Grundlagen des Islams

Nach dem Tod des Propheten Mohammed kam es unter seinen Jüngern, den islamischen Gelehrten, zu großen Auseinandersetzungen. So versammelten sie sich, um zu erforschen, was der Prophet mit seiner Lehre wohl gemeint habe, und um eine gemeinsame Linie zu finden. Sie diskutierten über wichtige Aussagen des Korans und verglichen sie mit den Aussagen des Propheten. Mit so mancher Passage des Korans hatten sie ja alle ihre liebe Mühe.

Diese Meinungsverschiedenheiten führten unter den islamischen Gelehrten, Herrschern und Führern zu Glaubensspaltungen. Noch heute gibt es die vier islamischen Schulen oder Parteien der Schiiten, Hanafiten, Hanbaliten und Malikiten. Jedes islamische Land rechnet sich bis heute einer dieser vier Schulen zu.

Infolge dieser Auseinandersetzungen kam zu dem Koran als der Heiligen Schrift des Islams noch die Sunna als zweite Offenbarungsquelle dazu. Die Sunna ist die schriftliche Überlieferung der Gewohnheit des Propheten Mohammed.

Denn nach dem Tod des Propheten Mohammed tauchten für seine Anhänger neue Fragen auf, zum Beispiel die Ordnung des täglichen Gebets. Auch viele andere alltägliche Dinge waren im Koran nicht geregelt, und so stützte man sich auf die «Hadith» genannten «mündlichen Überlieferungen». Der Hadith setzt sich aus drei Strängen zusammen:

Da sind erstens *die vorbildhaften Handlungen des Propheten*

– zum Beispiel die Ordnung des täglichen Gebets und die Wallfahrt nach Mekka.

Zweitens gibt es die *Vorschriften des Propheten*, die er teils auf Befragen, teils ungefragt zu bestimmten Anlässen machte.

Drittens werden im Hadith die *Handlungen der Zeitgenossen Mohammeds* festgehalten, zu denen dieser einfach geschwiegen hatte und sie damit bestätigt und ihnen Vorbildcharakter zugestanden hatte. Der Prophet Mohammed soll gesagt haben: «Ich habe euch zwei Dinge hinterlassen, und ihr werdet nicht irregehen, wenn ihr euch daran haltet. Das eine ist das Wort Allahs, das andere die Sunna des Propheten.»[1]

Außerdem soll er gesagt haben: «Was der Prophet [damit meinte er sich selbst] für ungesetzlich erklärt hat, ist gleich dem, was Gott selbst so erklärt hat.» Auch im Koran steht: «Gehorche Gott und gehorche seinem Gesandten!» (Sure 8, Vers 20).

Dadurch genießen die ersten Moslems im Islam bis heute große Autorität. Kritisch wird es in Bezug auf die im Koran genannten Eigenschaften Allahs: Viele wollten nicht akzeptieren, dass andere Schulen die Eigenschaften Allahs mit denen der Menschen verglichen. Ein weites Feld!

Fragen über Fragen

Dies alles lernte ich erst in der Vorbereitung auf das Abitur. In dieser Zeit erwachten in mir viele Fragen, die mir bis dahin völlig fremd gewesen waren:

Warum gibt der Koran uns nicht die wichtigen Fakten über den wahren Schöpfer weiter? Warum werden wir Moslems von Kind auf dazu gezwungen, an den Propheten Mohammed

---

[1] Eigene Übersetzung des Autors

und an seinen Koran zu glauben? Wie die meisten Moslems, das wurde mir nun bewusst, hatte ich selbst an den Koran geglaubt, ohne ihn wirklich zu verstehen.

In Sure 2, Vers 256 steht: «Allah! Es gibt keinen Gott außer ihm, dem Lebendigen, dem Ewigen! Nicht ergreift ihn Schlummer und nicht Schlaf. Sein ist, was in den Himmeln und was auf Erden. Wer ist es, der da Fürsprache einlegt bei ihm ohne seine Erlaubnis? Wer weiß, was zwischen ihren Händen ist und was hinter ihnen [d.h. Gegenwart und Zukunft], und nicht begreifen sie etwas von seinem Wissen, außer was er will. Weit reicht sein Thron über die Himmel und die Erde, und nichts beschwert ihn bei der Flut. Denn er ist der Hohe, der Erhabene.»

Einzigartig, lebendig, ewig. Immer hellwach. Allmächtig, allwissend, allgegenwärtig. Hoch und erhaben. – Ich persönlich habe keinen Zweifel daran, dass der allmächtige Gott diese Eigenschaften hat. Aber im Koran findet man bei Allah außer in seinen Beinamen keine Spur von Gnade und Barmherzigkeit. Vielmehr spricht der Koran von einem absoluten und rücksichtslosen Herrscher.

Im Koran sehen wir einen strengen, fordernden Gott, der uns erschafft und Vollkommenheit von uns Irdischen erwartet. Solch ein Gott ist unfair. Man kann ihn mit einem unbarmherzigen Menschen vergleichen, der einfach nur besser sein will als alle anderen – so ähnlich, wie ich meinen Vater zu Hause erlebt habe. Jedenfalls ist im Koran nichts von der Liebe Gottes zu finden; keine Spur der Liebe eines gnädigen Vaters seinen Kindern gegenüber.

Im Koran geht es nur um die Absolutheit, Hoheit, Vollkommenheit Allahs. Er ist erhaben, aber von Barmherzigkeit ist nichts zu spüren. Und trotzdem sollte er «der Gnädige und Allbarmherzige» sein? Darauf habe ich noch immer keine Antwort gefunden.

Allah, ein Sklavenhalter?

In Sure 112 des Korans steht geschrieben: «Er ist der eine Gott, der ewige Gott; er zeugt nicht und wird nicht gezeugt und keiner ist ihm gleich.» Wenn der Islam den Schöpfer *als Vater* ablehnt, verbietet sich damit auch jeder Gedanke an eine Kindschaft. Gott ist kein Vater, er hat keine Kinder.

Allah soll gesagt haben (Sure 19, Vers 94): «Keiner in den Himmeln und keiner auf Erden darf sich dem Erbarmer anders nahen denn als Sklave.» Alle Menschen sind also nur Sklaven Allahs? Ein Leben als Sklave Allahs – schöne Aussichten! Das hätte ich mir anders gewünscht.

Leider kannte ich damals keine Alternative zu dem Glauben, den ich als Kind in meiner Familie kennengelernt hatte. Doch war es für mich eine große Bereicherung, zum ersten Mal in meinem Leben die Grundlagen des Islams kennenzulernen. Von da an übernahm ich nicht mehr alles, was ich hörte.

«Tut Buße und glaubt an mich!»

So war die Vorbereitung auf das Abitur für mich äußerst interessant. Natürlich lernte ich auch einiges über das Christentum. Auch der Koran erwähnt Jesus mit Hochachtung. Er wird als Wundertäter beschrieben, gilt als Prophet und genießt die Hochachtung aller. Nur dass Jesus Gottes Sohn ist, das darf laut Koran nicht sein.

Nun hatte ich schon genügend über den Islam gelernt, dass es nicht mehr weit war zu der Frage: «So, als Prophet und Wundertäter ist Jesus hoch geschätzt – aber warum nicht als Sohn Gottes? Vielleicht wurde der Glaube damals doch von der Politik manipuliert? Wollten die Araber etwa nur einen eigenen Propheten haben, der dann eben der letzte und damit der allerbeste aller Propheten wäre?!» Es konnte ja wohl nicht wahr sein, dass nur der Islam unter so vielen Weltreligionen der einzige richtige, echte Glaube sein sollte.

Alle diese Fragen bewegten mich sehr. Ich verglich vor allem den Buddhismus, das Judentum und das Christentum mit dem Islam – mit dem Ergebnis, dass ich schließlich an jeder dieser Religionen viel auszusetzen fand. Allerdings hatte ich Allahs Macht und Strenge im Koran genügend verinnerlicht, um es nicht mit ihm verderben zu wollen, und so blieb ich bei meinem Glauben an Allah. Doch diese Fragen trieben mich um, monatelang. Eines Nachts hatte ich einen eindrücklichen Traum:

Jesus kam vom Himmel herab. Langsam näherte er sich allen Menschen der Welt. Ich *wusste* einfach, dass es Jesus war. Er war von überaus großer Gestalt und schneeweiß, prächtig und voller Herrlichkeit. Er hatte zwar keine Flügel, und unter seinen Füßen war nichts, das ihn hätte tragen können; trotzdem näherte er sich der Erde nur langsam und wurde dabei noch größer und größer. Als er nahe herangekommen war und alle Menschen ihn in der Luft sehen konnten, sprach er mit seiner wunderbaren Stimme: «Kehrt um, denn bald, ja sehr bald steht ihr alle vor dem Vater, eurem Gott. Kehrt um und glaubt an mich!»

Jesus und Allah

Am nächsten Morgen erzählte ich meiner Mutter von meinem Traum. Ihr blieb nichts anderes übrig, als den Traum auf gut Islamisch zu deuten: Ich solle viel im Koran lesen und Allah anbeten.

Ich wagte nicht, meiner ungebildeten Mutter mehr von Jesus zu erzählen. Hätte ich weiter mit ihr über andere Religionen diskutiert, hätte sie mich sofort verflucht und wahrscheinlich auch meinem Vater davon erzählt. In unserer Familie war es absolut tabu, irgendetwas gegen den Islam und seine Lehre zu sagen.

Dieser Traum trug stark dazu bei, dass mir Jesus als Sohn Gottes viel mehr zusagte als der Prophet Mohammed; doch behielt ich meinen Glauben an Allah bei.

In dieser Zeit begann ich, mich gegen die Härte meines Vaters aufzulehnen: Einerseits, so dachte ich, war ich kein Kind mehr; andererseits war mein Vater gegen außen so fromm und dabei doch so unausstehlich. Dieser fromme Moslem ließ in der Familie keinerlei Freiheit zu, geschweige denn, dass er uns Liebe geschenkt hätte. Im Gegenteil, durch seinen ständigen Zorn, sein Schimpfen, die Schläge und Prügel hatte er meine Mutter, meine Geschwister und mich sehr unter Druck gesetzt und verletzt.

Als Germanistikstudent

Nach dem Abitur 1981 nahm ich ein Germanistikstudium auf. Dazu musste ich in eine andere Stadt ziehen, weit weg von meiner Familie. Das fiel mir nicht schwer, denn einerseits mochte ich dieses Fach, und andererseits konnte ich es einfach nicht mehr ertragen, bei meinen Eltern zu leben.

Meine Eltern waren mit meiner Entscheidung überhaupt nicht einverstanden. Sie meinten, sie wäre alles andere als gottesfürchtig. Beide behaupteten sie, ich wolle doch nur Deutsch studieren, weil ich mich von Allah, seinem Propheten Mohammed und seiner Lehre distanzieren wolle. War Deutsch nicht die Sprache der ungläubigen Juden und Christen im Gegensatz zu Arabisch, der von Allah bevorzugten Sprache?

Diese Behauptung meiner Eltern kann ich nie vergessen. In ihr taten sich unüberbrückbare Abgründe auf. Die Verbindung von Sprache und Religion lag mir fern, und von alleine wäre ich nie auf diese Assoziation gekommen.

Das Studium war eine harte Zeit für mich. Weit weg von zu Hause war ich auf mich selbst gestellt: Wohnungssuche, Haushaltsführung, einkaufen ... und dabei im Studium erfolgreich sein, das war nicht einfach.

Ehrlich gesagt, hatte meine Lebensweise Vor- und Nachteile. Einerseits ging es mir gut und ich fühlte mich wohl, denn nun war niemand mehr da, der mich kontrollieren oder erziehen wollte oder mir Vorschriften machte.

Andererseits musste ich für alles selbst sorgen: Vier Jahre lang wusch ich meine Wäsche selbst von Hand; Waschmaschinen gab es damals in Marokko noch nicht. Das Essen in der Mensa war zu teuer und schmeckte mir auch nicht wirklich, also musste ich selbst kochen. Nun war ich dankbar, dass ich meiner Mutter oft hatte in der Küche helfen müssen; beim Gemüseputzen hatte ich viel beobachten können.

Ich bekam zwar ein vierteljährliches Stipendium, doch das reichte keine zwei Monate. Davon musste ich die teure Miete bezahlen, essen, mich kleiden und die nötigen Bücher kaufen. Meine Eltern um Hilfe zu bitten, dazu war ich definitiv zu stolz. Wie viele andere musste ich deshalb in den Semesterferien versuchen, Geld zu verdienen. Dabei tat ich manches, das illegal war. Hauptsache, ich kam an Geld.

Bestanden!

Es war schwer für mich, ich hatte wirklich zu kämpfen, um allem gerecht zu werden. Oft beneidete ich die Menschen, die auf der Straße lebten; trotz allem (so dachte ich) hatten sie es leichter als ich, da sie viel weniger um ihre Zukunft bangen mussten. Doch Gott hat mich als sehr fleißigen und kämpferischen Menschen geschaffen, und so absolvierte ich auch das dritte Jahr meines Germanistikstudiums mit Erfolg.

Als Nebenfach hatte ich Russisch gewählt, und hier schaffte ich sogar die Note «sehr gut». Dafür belohnte mich das russische Konsulat mit einem zweimonatigen Studienaufenthalt in Moskau, um mein Russisch weiter zu verbessern. Das passte gut; die Sommerferien dauerten zweieinhalb Monate.

So fuhr ich die dreihundert Kilometer nach Hause zu meinen Eltern; bei einem kurzen Besuch wollte ich sie nach der bestandenen Prüfung an der Freude meines Erfolges teilhaben lassen.

Es war in den letzten Tagen des Fastenmonats Ramadan, den auch ich einhielt. Wie jedem fastenden Moslem hatte auch mir diese Zeit zugesetzt, und ich sah nicht gut aus. Es ist nicht einfach, dreißig Tage lang jeden Tag von Sonnenaufgang bis zum Einbruch der Nacht zu fasten, dazu noch im heißen Sommer mit den langen Tagen und zu allem Überfluss auch noch während der Abschlussprüfung mit all ihren Vorbereitungen.

Schwierig war für mich nicht nur, auf Essen und Trinken zu verzichten; als starker Raucher hatte ich auch mit Entzugserscheinungen zu kämpfen. Der Ramadan ist eine Zeit, die der Frömmigkeit dienen soll: Tagsüber sind Essen, Trinken, Rauchen und Geschlechtsverkehr tabu. Es ist sicher nicht schlecht, zumindest eine bestimmte Zeit aus Glaubensgründen auf manches zu verzichten. Aber damit können wir uns noch lange nicht Gottes Wohlgefallen verdienen.

So fuhr ich also nach Hause und kam bei Einbruch der Dunkelheit an, genau rechtzeitig zum Abendessen. Meine Mutter stand gerade draußen vor der Tür. Drinnen war es sehr heiß, und das Haus roch nur nach Essen. Im Ramadan ist jedes Abendessen ein Festmahl: Dreißig Tagen des Hungers folgen dreißig Abende voller Leckereien. Tatsächlich nehmen viele Moslems während des Ramadans sogar zu.

Ich hatte mein Kommen nicht angekündigt, deshalb war es für die ganze Familie eine große Überraschung. Meine Mutter jubelte vor Freude, sie umarmte und küsste mich und fragte nach dem Prüfungsergebnis.

«Bestanden!», antwortete ich.

Wieder umarmte sie mich und jubelte. Auch meine vier Geschwister waren begeistert. Inzwischen konnte man am Abendhimmel die drei ersten Sterne sehen, und wir setzten uns an den reich gedeckten Esstisch.

Eine halbe Stunde später kam mein Vater aus der Moschee, wo er als Imam, als Vorbeter, seine Pflicht getan hatte. Auch er war sehr überrascht, mich zu sehen. Mit angespanntem Gesichtsausdruck und sehr blass nach dem anstrengenden Fastentag kam er auf mich zu, um mich zu begrüßen.

Ich stand sofort auf und küsste wie üblich seine beiden Hände. Von ihm kam nur ein schwaches Lächeln, und er sprach einen kurzen Segenswunsch.

Anstatt mich nun nach dem Prüfungsergebnis zu fragen, schaute er in die Gesichter der ganzen Familie. Alle schienen entspannt zu sein, so fragte er meine Mutter.

«Er hat bestanden!», antwortete sie, während ich keine Miene verzog und weiteraß.

Mein Vater schaute mich mit großen Augen an: «Mit so einem Gesicht? Nein, das kann nicht sein, du hast nicht bestanden!»

«Doch!», erwiderte ich mit einem Blick der Siegesgewissheit.

«Dann sag doch was!», rief mein Vater.

Darauf hatte ich gewartet! Voller Stolz verkündete ich, dass ich nicht nur in meinem Germanistikstudium erfolgreich war, sondern auch im Nebenfach Russisch die Bestnote bekommen und dafür einen zweimonatigen Studienaufenthalt in Moskau gewonnen hatte.

«Was, in die Sowjetunion, in das Land der Ungläubigen? Du willst bestimmt dortbleiben!»

«Nein!», erwiderte ich, «in zwei Wochen soll ich fliegen, und das Visum gilt nur für diese zwei Monate. Allerdings brauche ich von dir unbedingt etwas Geld, um dort ein paar Bücher und Souvenirs zu kaufen!»

Wenn etwas Geld kostete, war mein Vater normalerweise grundsätzlich dagegen. Aber dieses Mal, in seiner Freude über meinen Erfolg, war er wirklich großzügig. Er gab mir Geld, und ich flog nach Moskau.

Moskau

Zum ersten Mal saß ich nun in einem Flugzeug, zum ersten Mal war ich unterwegs in ein fernes Land. Das war für mich eine ganz neue Erfahrung. Wegen schlechten Wetters ging der Flug von Casablanca über Budapest und Leningrad nach Moskau – über zwölf Stunden lang. Hoch oben über den Wolken und besonders dann, wenn man die Erde sehen konnte, machte ich mir Gedanken über Gottes Schöpfung. Sie schien mir großartiger denn je.

Dieses kolossal große Land hatte ich ja nur aus dem Geschichts- und Geografie-Unterricht gekannt. Nun konnte ich es leibhaftig erleben. Es war einfach sehr schön und interessant für mich; inzwischen war ja Gorbatschow an der Regierung, und es ging aufwärts mit dem Land. Ich besichtigte Statuen, Denkmäler und Museen, und auch die weiten Straßen und die Metro beeindruckten mich sehr. Besonders faszinierend fand ich die sowjetische Raumstation Mir, den Kreml und das Lenin-Mausoleum.

Ich war im «kapitalistischen» Marokko aufgewachsen, doch das Leben in Moskau gefiel mir weitaus besser. Da ich mehrere Sprachen beherrschte und kontaktfreudig war, fiel es mir nicht schwer, Freunde zu finden. Auch mein Humor tat das Seine, und ich war schon nach kurzer Zeit recht beliebt.

Ich spielte mit dem Gedanken, mich hier vielleicht für Russisch und russische Literatur zu immatrikulieren, und bald versuchte ich das auch ernsthaft. Doch die bestehenden Vereinbarungen zwischen beiden Ländern machten dies unmöglich: Das Visum für ein Studium in Moskau hätte ich in Marokko beantragen müssen, und das hätte mein Land nicht zugelassen, da die Sowjetunion kommunistisch war.

Darüber war ich sehr enttäuscht. Doch in Marokko wartete das vierte Jahr meines Germanistikstudiums auf mich, und das versöhnte mich mit meinem Schicksal.

Durchgefallen

So kehrte ich nach Marokko zurück. Zu Beginn des Studienjahres 1984/85 herrschte unter den Studenten aller Universitäten des Landes große Unruhe. Die Regierung hatte das Studien-System derart an die Wand gefahren, dass unsere Motivation gegen null ging.

Schon in den vorhergehenden Jahren hatte ich immer wieder Demonstrationen erlebt. Aber diesmal war es viel schlimmer als bisher: Die Studenten plünderten Autos, zerschlugen Glasfenster und raubten sogar die Einrichtung aus den Räumen der Universität. Viele wurden bei den Demonstrationen verhaftet, verletzt und sogar getötet. Die Schuldigen, aber auch viele Unschuldige wurden deshalb verhaftet und hart dafür bestraft. Manchen Studenten war es gleichgültig, wenn sie mit ihrem Blut bezahlen mussten. Aber ich dachte an meine Zukunft und ließ Vorsicht walten.

Wegen dieses Aufstands mussten die meisten Studenten das Studienjahr wiederholen. Auch mich traf es. Das bedeutete, dass ich mein Stipendium verlor und wieder zu meinen Eltern ziehen musste. Inzwischen konnte man auch in meiner Heimatstadt Germanistik studieren, und das tat ich dann auch.

Dies war ein sehr unangenehmes Jahr für mich. Wie früher ließ mir mein Vater keinerlei Freiheit. Doch auch in dieser Zeit kam es wieder zu Demonstrationen. Die Universitäten waren monatelang geschlossen.

So kam es, wie es kommen musste, und obwohl ich sehr fleißig war, fiel ich zum zweiten Mal bei der Prüfung durch. Doch erlebte ich auch etwas Schönes, wofür ich Gott danke: Ich erhielt wieder einen Preis, dieses Mal vom Deutschen Akademischen Austauschdienst. Wie zwei Jahre zuvor nach Moskau, so durfte ich jetzt mit drei weiteren Kommilitonen für zwei Monate nach Deutschland reisen. Insgesamt waren wir in unserem Studiengang mehr als dreißig Studenten.

Ich teilte meinen Eltern mit, dass ich zwar ein Zwei-monatsstipendium in Deutschland gewonnen hatte, das Studienjahr aber trotzdem wiederholen musste. Die Auszeichnung interessierte sie aber überhaupt nicht. Sie machten mir Vorwürfe und behaupteten, ich würde nie eine Stelle bekommen. Wie zehntausend anderen Studenten drohte auch mir die Arbeitslosigkeit.

Keine guten Aussichten – und Grund für tägliche Auseinandersetzungen mit meinen Eltern. Weitere Details erspare ich mir an dieser Stelle.

Ich hielt ihnen entgegen, meine Professoren würden mich und meine Leistungen sehr hoch schätzen und wollten mir Gelegenheit geben, das Land der deutschen Sprache und seine Kultur kennenzulernen. Einer von ihnen hatte mir sogar vorgeschlagen, nach den zwei Monaten des Studienaufenthaltes mein Studium in Deutschland fortzusetzen.

Schließlich konnte ich meine Eltern doch überzeugen, und sie ließen mich gehen.

Mein Freiburger Sommer

Ich erhielt ein Zweimonatsvisum für Deutschland, und bei der Ankunft in Freiburg im Breisgau wurden mir von der Uni 1400 DM ausgehändigt. Davon sollte ich die Flugreise bezahlen und für zwei Monate ein Zimmer im Studentenwohnheim mieten. Ich war mit dem Zug gekommen; das war billiger, und so hatte ich Geld übrig.

In Freiburg fühlte ich mich zunächst sehr fremd. Dank der aus Marokko mitgebrachten Deutschkenntnisse kam ich aber gut zurecht. Als Stadt gefiel mir Freiburg sehr. Ich fand es schön, lebendig, historisch und sauber. Doch wie würde ich mit den Menschen dort zurechtkommen?

In der Universitätsbibliothek lernte ich andere marokkanische Studenten kennen. Sie halfen mir, mich in der Uni zurechtzufinden, und klärten mich über die Regeln auf. Die ersten Tage aßen wir gemeinsam in der Mensa. Das Essen schmeckte mir zwar nicht wirklich, aber es war günstig. Erst nach einer Woche bekam ich ein Zimmer in einem sehr schönen Studentenwohnheim, dort konnte ich dann selbst kochen.

Das schätzte ich besonders, denn marokkanisches Essen schmeckte mir doch am besten! Das ist wohl bei jedem Menschen so, dass er die Küche seines Heimatlandes besonders schätzt. Auch ich bin da keine Ausnahme. So nahm ich mir gerne die Zeit, selbst zu kochen und einzukaufen. Im Gegensatz zu meinen Studentenjahren in Marokko war ich nun direkt dankbar dafür, dass ich selbst kochen konnte, und empfand es nicht mehr als Belastung.

Zum Glück konnte ich alle Zutaten in Freiburger Läden finden. Allerdings fiel es mir nicht leicht, das deutsche Discounter-System zu akzeptieren. Bei uns in Marokko kann man sich die besten Tomaten, die schönsten Paprikaschoten aussuchen, und nur diese bezahlt man dann auch. Keinem

Händler würde es einfallen, das zu kritisieren. Hier im Discounter ist das Obst und Gemüse fertig verpackt, und manchmal stellt man zu Hause fest, dass eine Paprika oder eine Aprikose schon nicht mehr gut ist. Natürlich gibt es auch Läden, in denen man wie auf dem Markt jedes Stück einzeln auswählen kann, aber um dort einzukaufen, reichte mir leider das Geld nicht.

Übrigens, auch dass man Kaffee aus einer großen und breiten Tasse trinkt, war für mich sehr gewöhnungsbedürftig. Bei uns wird Kaffee meist aus einem Glas getrunken, er besteht zur Hälfte aus Kaffee, zur Hälfte aus Milch, und immer ist Zucker dabei. Wir kennen auch keine Kaffeemaschinen. Der Kaffee wird bei uns in einem Topf gekocht und dann durch ein Sieb gegossen. Damit er warm bleibt, wird die Milch auch aufgekocht. In Deutschland macht man das ganz anders, viele trinken Kaffee sogar pur, ohne Milch und Zucker. Das konnte ich mir nicht vorstellen. Aber wie sagt man doch? Andere Länder, andere Sitten …

So begannen die Sommersprachkurse, an denen ich sehr gerne teilnahm. Die Vielfalt war faszinierend: In den diversen Fächern hatten wir verschiedene deutsche Lehrer; auch die Studenten kamen aus mehreren Ländern, wie schon früher in Moskau.

Meistens war nur vormittags Unterricht. Abends trafen wir uns öfter in der Disco und hatten Spaß. Dabei lernten wir einander näher kennen. Mit Menschen aus verschiedenen Nationen zusammen zu sein, mit ihnen zu studieren und die Freizeit zu verbringen, war für mich eine prima Erfahrung, die ich nie vergessen werde. Es tat mir gut.

Ich stellte fest, dass ich als Person und auch mein Bildungsniveau den Vergleich mit Studenten aus anderen Ländern nicht zu scheuen brauchte. Ich war stolz auf mich, ich war sehr fleißig und brachte gute Leistungen. Mein Eindruck verfestigte sich: Auch Menschen aus anderen Völkern, Amerikaner oder Franzosen, Engländer, Skandinavier oder Italiener, sorgten sich um ihre Zukunft. Sie hatten ihre Träume, Ängste und Hoffnungen wie ich. Bisher hatte ich mich immer unterschätzt. Das war oft bitter und deprimierend gewesen. Nun lernte ich, optimistisch in die Zukunft zu blicken und mich in einem besseren Licht zu sehen.

Die Sommerkurse schlossen mit einem Test ab, und wir bekamen ein Zeugnis. Gerne wollte ich mein Studium in Freiburg fortsetzen – viel lieber als in meiner Heimat – und hängte gleich noch einen dritten Monat an.

Tausend Mark im Monat!

Leider konnte ich nicht einfach so in Freiburg bleiben. Das Visum für das Studium musste ich in Marokko ausstellen lassen. So ging ich wieder zurück in meine Heimat. Dort erfuhr ich, ein Visum bekäme ich nur gegen den Nachweis, dass ich mein Studium in Deutschland selbst finanzieren könne – dafür musste ich eine monatliche Summe von weit über 1000 DM schriftlich nachweisen. Ohne dies bekäme ich keine Zulassung von einer deutschen Universität und folglich auch kein Visum für Deutschland.

Diese Hürde war für mich unüberwindlich: Selbst wenn mein Vater alle seine Großzügigkeit zusammennehmen würde, könnte seine Unterstützung kaum für eine Woche reichen.

Ich war verzweifelt und begann zu Gott zu schreien: «O Gott, du allmächtiger Gott, der mich geschaffen hat, ob nun Allah oder Jesus oder sonst jemand, bitte hilf mir! Ich kann es nicht mehr aushalten, ständig Vorwürfe gemacht zu bekommen und erniedrigt zu werden. Lieber Gott, Allah oder Jesus, an einem weiteren Studium in Marokko bin ich nicht mehr interessiert!»

Welcher Gott war das nun?

Ich hatte einfach genug von den anhaltenden Studentenunruhen, die ein erfolgreiches Studium vereitelten, und sah nur eine Lösung: mein Studium in Deutschland fortzusetzen. Das versuchte ich nun mit allen Mitteln zu erreichen.

Im Stillen betete und betete ich – und nach einigen Tagen erhielt ich tatsächlich einen Brief von einer deutschen Familie. Wie auch anderen Touristen, die bei mir zu Hause, wo ich noch bei meinen Eltern wohnte, zu Gast gewesen waren, antwortete ich ihnen brieflich und bat sie um eine schriftliche Bürgschaft für ein Studium in Deutschland. Von vielen ausländischen Studenten in Deutschland wusste ich, dass sie während der Ferien arbeiten gingen und davon leben konnten. Durch die Bestätigung dieser netten Familie erhielt ich dann von der Freiburger Ausländerbehörde die Genehmigung, in Deutschland zu studieren.

Es war für mich ganz klar: Der lebendige Gott hatte mir geholfen! Nur wusste ich immer noch nicht, *welcher Gott* das nun war.

Geschäftstüchtig

Erleichtert berichtete ich meinem Vater von der Wendung der Dinge und rechnete fest mit seiner Zustimmung und finanziellen Unterstützung. Doch weit gefehlt! Er meinte, ich solle zu Hause bleiben und mein Studium hier beenden. Wozu die Sprache der Ungläubigen studieren? Ich solle mich doch mit Arabisch, mit der Sprache des Islams, befassen. – Zwischen unseren Denkweisen lagen Welten.

So schlug ich einen dritten Weg ein: Mit meinem wenigen Geld eröffnete ich einen kleinen Handel. Auch meine Mutter und meine große Schwester gaben etwas dazu. Schon als Kind hatte es mir Spaß gemacht, zu handeln und dabei Geld zu verdienen. Mit sechs, sieben Jahren verkaufte ich anderen Kindern Süßigkeiten und Luftballons und verdiente so mein eigenes Geld. Ich hatte auch auf dem Markt Kartoffeln gekauft, zu Hause Pellkartoffeln daraus gekocht und diese auf der Straße verkauft.

Um bis nach Deutschland zu kommen, so dachte ich, brauchte ich aber richtig viel Geld. So ging ich zum Großhandel und kaufte dort ein Sortiment Dessous. Damit ging ich im Einkaufsviertel auf der Straße hin und her und verkaufte sie einzeln. Mit den Damen kam ich leicht ins Gespräch und gewann deshalb mühelos Kundinnen. Mein mutiger Humor war mir dabei sehr behilflich, und ich machte wahrscheinlich einen größeren Umsatz als die Ladengeschäfte. Wenn ich zum Beispiel einer Frau anmerkte, dass sie gerne etwas kaufen wollte, ihr Mann sie aber davon abhielt, dann brachte ich es fertig und fragte ihn, ob er seine Frau denn nicht liebte. Das konnte er dann nicht auf sich sitzen lassen und kaufte etwas – seiner Frau zuliebe ...

Sobald ich meine Ware zum größten Teil verkauft hatte, investierte ich die Einnahmen unverzüglich in neue Dessous. So kam ich mit etwa dem Doppelten an Ware wieder zurück. Mit mehr Auswahl konnte ich natürlich auch mehr Geld verdienen und hatte bald den Gegenwert von etwa 2000 DM beisammen.

Abschied und Neubeginn

Voller Stolz über mein selbstverdientes Geld löste ich die Zugfahrkarte nach Deutschland – mein Vater erkannte, dass er nicht mehr viel Zeit hatte. An diesem Tag spürte ich, wie er um mich zitterte und bangte. Er wurde weicher. So weich kannte ich ihn gar nicht. Ich spürte seine Liebe zu mir. Doch hatte ich zu viel Härte und Grausamkeit von ihm erlebt, und als er mir Geld entgegenstreckte: «Hier, Raschid! Kauf dir was zum Anziehen!», nahm ich es nur, um ihn nicht zu verletzen. Meine Mutter weinte.

Beiden fiel der Gedanke an eine endgültige Trennung schwer. Auch mich ließ es nicht kalt. Trotz ihrer Strenge hatte ich meine Eltern immer geliebt. Aber was blieb mir anderes übrig? Ich wollte vorankommen und Erfolg haben.

So nahm ich Abschied von meiner Familie und allen meinen Freunden. Eine innere Stimme sagte mir, dass es nicht einfach werden würde. Doch riss ich mich zusammen und schaute bewusst nur nach vorne. Während der Zugfahrt nach Deutschland betete ich die ganze Zeit um eine gute Zukunft und oft auch für meine Eltern und Geschwister. Früher hatte ich sie verurteilt. Jetzt konnte ich das nicht mehr.

Spätabends kam ich in Freiburg an. Ich war todmüde und übernachtete deshalb im Hotel. Das war sehr teuer für mich, aber ich beschloss, diesen Luxus einfach zu genießen und mich zu erholen. Am nächsten Tag würde ich dann in der Universitätsbibliothek Landsleute und andere Araber treffen. Schließlich waren seit meinem ersten Deutschland-Aufenthalt gerade vier Monate vergangen, und ich kannte die Stadt sehr gut.

Das war 1985. Dieses Jahr ist und bleibt in meinem Leben ein besonderes Jahr: Ich verließ mein Heimatland und meine Familie und war nun mein eigener Herr! Niemand würde mich fragen, wo ich gewesen bin, was ich getan habe oder sonst irgendetwas. Ich fühlte mich sehr frei. Andererseits fragte ich mich bange, ob ich mein Leben alleine meistern könne, als fremder Ausländer ohne alle finanzielle Unterstützung.

Am nächsten Morgen ging ich wie beim ersten Mal zur Universitätsbibliothek. Dort waren tatsächlich einige marokkanische Studenten und andere Leute aus arabischen Ländern, die ich schon im Sommer kennengelernt hatte. Alle freuten sich, mich wiederzusehen, sie kannten mich gut und schätzten mich sehr. Es waren vor allem Libanesen und Ägypter.

Im Moment waren Semesterferien. Deshalb trafen wir uns nur abends, kochten arabisch und freuten uns an dem guten Essen. Wir fühlten uns irgendwie zusammengehörig. Ich denke, dass wir das taten, weil wir uns fremd fühlten. Und um zu sparen und das Gefühl einer Familie zu haben. So luden wir uns abwechselnd ein, sprachen über unsere Schwierigkeiten und tauschten Ratschläge aus.

Manche dieser Studienkollegen waren sehr großzügig. So durfte ich, bis ich ein Zimmer gefunden hatte, mehrere Wochen kostenlos bei einem Landsmann wohnen, der schon etwa vier Jahre in Freiburg lebte; auch andere Studenten können solche Geschichten erzählen. In der Zwischenzeit arbeitete ich hier und da als Aushilfskraft und fand schließlich in einer Wohngemeinschaft ein eigenes Zimmer.

Heidelberg

So nahm ich mein Studium auf. Leider musste ich ganz von vorne beginnen, denn meine vier Semester Germanistik in Marokko wurden in Deutschland nicht anerkannt. Das war deprimierend für mich: Ich würde zwei kostbare Jahre verlieren! Bei der Prüfung zum Nachweis von Deutschkenntnissen für ausländische Studenten war ich nämlich leider durchgefallen. Aber nicht etwa, weil meine Deutschkenntnisse zu wünschen übrig gelassen hätten. Nein, aber in der mündlichen Literaturprüfung hatten die beiden Professoren nach winzigen Details gefragt, die ich einfach nicht kannte.

Obwohl ich früh zu Bett gegangen war, hatte ich in der Nacht schlecht geschlafen. In die mündliche Prüfung war ich

nur gekommen, weil ich die schriftliche Prüfung schon bestanden hatte. Und nun das! Die Lust auf Germanistik war
mir vergangen. Ich dachte, meine Zukunft sei zu Ende, bevor
sie richtig begonnen hatte.

Freunde empfahlen mir, diese Prüfung nochmals abzule-
gen. In Heidelberg seien sie weniger streng als in Freiburg. In
Marokko war ich immer unter den Besten gewesen, ob als
Schüler oder Student, und hatte immer fleißig gelernt. So
nahm ich allen Mut zusammen, bewarb mich in Heidelberg
nochmals für die Sprachprüfung und wurde zugelassen. So
legte ich an der Heidelberger Karl-Rupprecht-Universität die
schriftliche Prüfung ab.

Ich fuhr nach Freiburg zurück und wartete auf das Ergebnis. Damals lernte ich eine deutsche Freundin kennen, Sonja,
und lebte schon mit ihr zusammen. Nach einiger Zeit kam
der Bescheid, ich hätte die Prüfung mit «sehr gut» bestanden
und bräuchte nicht mündlich geprüft zu werden. Vor Freude
hätte ich fliegen können! Sonja freute sich mit mir. Sie hatte
auch mit mir gehofft und gebangt. So durfte ich also in Heidelberg Germanistik und Slawistik studieren.

Doch nun hatte ich ein anderes Problem. Ich hatte mich ja
nicht nur in Sonja verliebt, sondern auch in Freiburg. Inzwischen war mir diese Stadt zur Heimat geworden. Ich fand sie
so schön, so reizend! Ich kannte fast jede Straße und hatte
viele Freunde gefunden. Schon zu Hause in Marokko war ich
immer für Sauberkeit, Ordnung und Menschenrechte gewesen, und Freiburg war sehr sauber, sehr ordentlich, sehr
freundlich. Ich genoss es rundum, in Freiburg zu leben. Wer
würde das nicht?! Besonders nach meiner sehr harten Jugend
fühlte ich mich hier wirklich wohl.

Trotz dieser neuen «Heimatgefühle» und aller Bedenken
ging ich für ein Semester nach Heidelberg und studierte dort
Germanistik und Slawistik. In dieser Zeit besuchten wir einander oft. Die Trennung fiel Sonja und mir sehr schwer. Ob-

wohl ich weiterhin in Heidelberg eingeschrieben war, verbrachte ich die nächsten zwei Semester überwiegend in Freiburg. Hier konnte ich viel lernen und in der Universitätsbibliothek mein Wissen weiter vertiefen. Im Gegensatz zu Marokko fand ich hier reichlich Quellenmaterial zu allen Themen.

■ Zweiter Teil ■

Unglücklich und gottlos

Alles lief recht gut, doch glücklich war ich nicht. Ich hatte das bestimmte Gefühl, zum Studieren inzwischen zu alt zu sein. Es war nicht einfach, mein Studium zu finanzieren und meine Miete zu bezahlen. Da ich mit niemandem darüber reden konnte, fraß ich alles in mich hinein.

Trotz meines schwierigen und harten Lebens und des väterlichen Drucks war ich immer ein lustiger Spaßmacher gewesen. Ob in der Familie oder in der Schule, ich hatte immer viel Humor bewiesen. So wollte ich auch jetzt das schwere Leben eines Auslandsstudenten hinter mir lassen, abschalten und mich amüsieren.

Der Alltag mutete mich krankhaft an, und ich schlug eine andere Richtung ein. So konnte man mich nun immer öfter in der einen oder anderen Disco sehen; ich konsumierte Alkohol und Haschisch. Ehrlich gesagt, kostete ich meine Freizeit voll aus. Ich konzentrierte mich dann nur auf den Augenblick und vergaß für einen Moment die nagenden Sorgen. Am anderen Morgen war ich natürlich immer müde und zerknittert.

Solch ein Lebensstil passte nicht zu einem frommen Moslem. Ja, ich hörte auf, überhaupt an irgendeinen Gott zu glauben. Ich war zwar immer noch Moslem, aber ich glaubte nicht mehr an Allah. Ich kann mich noch sehr gut an die übermächtigen Gedanken erinnern, die auf mir lasteten: Es gebe überhaupt keinen Gott; jede andere Meinung sei doch totaler Schwachsinn. Ich wollte von keiner Religion, Moschee, Kirche und besonders von keinem Imam, Pfarrer oder irgendeinem Religionsgelehrten noch irgendetwas wissen. Ich war überzeugt, hätte ich irgendeinen von ihnen um Hilfe gebeten, hätte er mir doch nur geantwortet: «Geh arbeiten!»

In meinem Selbstmitleid war ich tief gefallen. Ich rebellierte gegen Gott. In meinen Augen war ich zwar immer noch der gute, brave und fleißige Raschid; aber in Wirklichkeit hatte der Satan mich fest im Griff. Als wäre es gestern gewesen, kann ich mich noch gut erinnern, wie ich in einem Gespräch Jesus Christus beleidigt und ihn sogar mit einem Wort beschimpft habe, das ich hier nicht wiedergeben möchte. Diese Verfehlung bereue ich heute noch.

Wenige Wochen später fand ich mich durch ein Unglück im Gefängnis wieder …

Hinter Gittern!

Raschid hinter Gittern! Für mich brach die Welt zusammen. Zuerst kam das Selbstmitleid: «Ich – festgenommen? Warum, warum, warum? *Ich*, der Raschid, *der nette Raschid*, der ich aus einer angesehenen, ehrlichen islamischen Familie komme? Oh Gott, ich, der Raschid, der jahrelang fleißig gelernt hat und nie etwas Unrechtes getan hat, ich bin nun im Gefängnis?! Oh Gott!!»

Dann kam der Hass. Ich hasste mich selbst und die ganze Welt und vor allem die Deutschen. Immerhin hatten *sie* mich hinter Gitter gebracht.

Wie ein Kind weinte ich bei dem Gedanken: «Was soll nur aus mir werden? Und was wird meine Familie in Marokko über mich denken?!» Ich weinte wie noch nie in meinem ganzen Leben und wünschte mir den Tod herbei.

Am Morgen musste ich meine Kleidung abgeben und Gefängniskleidung anziehen. Alles war in einem grässlichen Blau gehalten und kratzig obendrein. *Na ja*, dachte ich, *kein Wunder, man ist im wahrsten Sinne des Wortes im Knast.* Wenigstens konnte ich mir die passende Größe auswählen. Aber am schlimmsten fand ich die Schuhe. Sie erinnerten mich an Bertold Brecht und Mutter Courage, die stammten wohl noch aus der Zeit vor dem Zweiten Weltkrieg! Raues Leder, und auch das Design (wenn man von so etwas überhaupt sprechen konnte) war unästhetisch. Also, sie waren so was von hässlich. Selbst in meiner Heimat hatte ich immer nur schicke Schuhe getragen. Als Großstadtkind legte ich stets großen Wert auf gute Kleidung.

Am liebsten hätte ich den Beamten umgebracht, auch wenn er persönlich nichts dafür konnte. Für mich waren sie alle gleich, diese Deutschen. Dann ging es unter die Dusche. Eine große Überraschung für mich – nie hätte ich gedacht, dass man im Gefängnis sogar duschen kann. Doch das war für mich kein Grund, mich zu freuen. Für Freude gab es in diesem Moment keinen Raum in mir. Da war nur das große schwarze Loch, das alles andere verschlang.

In der Zelle

Danach wurde ich gefragt, ob ich die Zelle mit einem Araber teilen wolle oder mit einem Tunesier, oder ob mir die Nationalität egal sei. Ich entschied mich für den Tunesier, der in einer Stunde von der Arbeit zum Mittagessen kommen sollte. So war ich in der Zelle zunächst alleine. Nach dem Stimmengewirr im Flur empfand ich die Stille als Wohltat. Reinigungskräfte, Vollzugsbeamte und «Gefangene mit freier Tür» verursachten einen gewaltigen Lärm.

Ich setzte mich auf den Stuhl und schaute mich um. Ich sah das spartanische Etagenbett, die beiden schmalen Kleiderschränke, das vergitterte Fenster hoch oben in der Wand, einen Schreibtisch mit zwei Stühlen, einen sehr heißen Heizkörper, die Toilette und das Waschbecken und fragte mich, wie das wohl gehen sollte, zwei Männer und eine Toilette auf nur vier Quadratmetern. Ich würde es bald erfahren.

Das vergitterte Fenster ermöglichte den Blick in den Hof und sogar noch auf einige Häuser hinter den Mauern. Die Enge der Zelle konnte ich kaum ertragen. Eigentlich hätte ich jetzt mein Bett beziehen sollen. Stattdessen rauchte ich eine Zigarette nach der anderen. Tabak war jetzt das Einzige, das ich brauchen konnte – ja, ich brauchte den Tabak mehr als mich selbst.

Unvorstellbar, was sich da alles in meinem Kopf abspielte! Solange ich noch in Freiheit war, war schon das *Wort* Gefängnis, wenn ich es nur hörte, etwas Scheußliches. Im Fernsehen einen Gefangenen zu sehen, war mir schlichtweg unerträglich. Ich hatte zwar oft keine Ahnung, wer das war und was er getan hatte; trotzdem verurteilte ich ihn jeweils sofort.

Und nun war ich selbst ein Gefangener. Was würden die Leute sagen? Und wie sollte ich selbst damit klarkommen? Ich war doch kein Krimineller! Und was sollte nun aus mir werden? Was hatte ich vom Leben noch zu erwarten? Diese und viele andere bohrenden Fragen nahmen mich in Beschlag.

Leider nicht nur ein schlechter Traum

Immer wieder erlebte ich den Albtraum der letzten sechzehn Stunden, der vergangenen Nacht. Ach, wäre es doch nur ein schlechter Traum gewesen:

Im Freundeskreis hatte es wieder einmal Streit gegeben. Besser gesagt: Es ging um Sonja, mich und noch einen von uns. Zwei Jahre waren wir nun zusammen, und meinetwegen hätte das noch lange so weitergehen können. Aber Sonja gefiel wohl auch einem anderen ... und er ihr offensichtlich auch ...

Und hier ist die Vorgeschichte: Es war schon lange dunkel geworden, und es war auch im sonst warmen Freiburg winterlich kalt an diesem Januarabend. Um neun verließ ich das Haus und ging zur Straßenbahn-Haltestelle. Ich konnte sie schon sehen, als von hinten ein Fahrzeug langsam herankam. *Seltsam, sonst kann es euch Autofahrern doch nie schnell genug gehen*, wunderte ich mich. Und das Fahrzeug blieb einfach hinter mir, obwohl ich meinen Schritt verlangsamte. Was war das? Wollte jemand was von mir? *Wenn du mich nach dem Weg fragen möchtest, bitte, ich helfe dir gerne*, dachte ich. *Nun komm schon, ich beiße nicht.*

Die Neugier übermannte mich, und ich drehte mich um. Ein richtig großer Polizeiwagen! Naja, die fuhren wahrscheinlich Streife. Gute Sache. Ich wünsche euch eine ruhige Schicht! In meinen Jahren in Freiburg hatte ich die deutsche Polizei als sehr nett und hilfsbereit kennen und schätzen gelernt. Und wenn es ernst wurde, konnte man sich auf sie verlassen. Ganz anders als in Marokko!

Ich drehte mich wieder um und ging ruhig weiter. Von mir wollten sie sicher nichts. Wirklich, in dem Moment hatte ich keine Ahnung, dass sie *mich* suchen könnten. Warum auch? Ich hatte nichts verbrochen.

Plötzlich fuhr der Polizeiwagen schneller und überholte mich von rechts.

Dann hörte ich: «Hallo, Polizei-Kontrolle, Ihren Ausweis bitte!»

Nun ja, das war schließlich ihre Arbeit. Gut, dass ich meinen Reisepass immer bei mir trug! Ich reichte ihn dem Fahrer, und er schaute hinein. Dann befahl er mir, auf die andere Seite des Wagens zu kommen. Aha, wahrscheinlich suchten sie jemanden, und vielleicht hatte ich ihn ja gesehen …

Auf der Beifahrerseite stieg ein zweiter Polizist aus und bat mich freundlich, mit ihm einzusteigen, er wolle mit mir über meine Personalien sprechen. Nun, meine Papiere waren in Ordnung, also stieg ich lächelnd ein.

Kaum saß ich drin, setzte sich der Wagen in Bewegung. Ich protestierte, ich wollte doch mit der Straßenbahn fahren!

Der Fahrer erwiderte nur: «Tut mir leid, wir müssen in die Stadt aufs Revier. Anweisung von der Zentrale!»

Ich wandte ein, dass sie doch bestimmt nicht mich suchten.

Darauf erhielt ich zur Antwort: «Wir wissen es auch nicht, aber das klären wir alles ab.»

In dem Moment fuhr mir wie ein Blitz der Gedanke durchs Hirn: *Meine sogenannten Freunde hassen mich und wollen mich anzeigen. Aber was können sie mir schon anhängen? Ich habe niemanden verletzt, und ich habe nichts Unrechtes getan. Naja, beleidigt habe ich mein Gegenüber, und ich habe ihnen auch gedroht.* Aber da waren sie kein Haar besser als ich. Wir waren einander nichts schuldig geblieben.

Also blieb ich ruhig, nicht nur äußerlich. Ich war sicher, es würde sich alles schnell aufklären.

Auf dem Revier angekommen, musste ich meine Taschen leeren und alles auf den Tisch legen: meine Geldbörse, den Schlüssel, mein Taschentuch und meine Zigaretten. Dann hieß es, ich solle mitkommen, die Treppe hinunter. *Okay,* dachte ich, *dort werden sie herausfinden, dass ich nicht der Gesuchte bin, sie werden mich um Entschuldigung bitten, und dann kann ich wieder gehen.*

Von wegen: Der Beamte öffnete eine Zelle! Das war ihr voller Ernst! Mein Herz begann zu klopfen. *Wie kann das sein, dass man mich so hasst und sich so an mir rächt?* Das zu ergründen hatte ich nun die ganze Nacht Zeit: Ich wurde hineingeschoben, und dann schloss der Beamte die Tür hinter mir zu. Ich stand im Dunkeln.

«Machen Sie die Tür auf! Auf, auf, aaaaaaaaauf!»

Und tatsächlich, der Schlüssel drehte sich im Schloss, und die Tür ging auf. Der Polizist erklärte mir in aller Seelenruhe, ich würde hier übernachten, und am Morgen bekäme ich dann die Erklärung. Und dann schloss er die Tür wieder, ruhig und schnell. Alltagsgeschäft war das wohl für ihn.

Ich verstand die Welt nicht mehr. Ich fühlte mich wie ein wundes Tier. Ich schrie laut und weinte unaufhörlich. Nach langer Zeit gab ich auf und legte mich auf die schmale Pritsche. Irgendwann schlief ich auch ein, Stunden später, vielleicht um drei Uhr morgens.

Plötzlich hörte ich jemanden im Gang, und die Tür ging auf: «Aufstehen! Bitte kommen Sie mit nach oben!»

Ich hatte ja kaum geschlafen und war vor Übermüdung fix und fertig – und sicher auch vom langen Weinen. Und dann das schwarze Loch in meinem Bauch. Aber ich durfte raus! Das war doch erfreulich. Sie würden sich entschuldigen, und ich hatte meine Freiheit wieder. Das schwarze Loch würde ganz schnell wieder verschwinden. Ich würde mir gleich ein Croissant besorgen und eine Tasse Kaf...

Hörte ich recht? Fotografieren wollten sie mich? Jawohl. Und noch schlimmer: Sie legten mir Handschellen an!

«Was soll das? Was ist los??»

«Das werden wir noch sehen!»

Jetzt sah ich wirklich schwarz. Das sah nach einer größeren Sache aus. Verleumdung nennt man das wohl. Das schwarze Loch in meinem Bauch wurde immer größer. Mit Freunden wie diesen, wer braucht da noch Feinde? Und ich wollte ja gar keine Feinde haben. Fast immer war ich jedem gegenüber hilfsbereit und freundlich gewesen.

Von der Kripo zum Knast

So musste ich mich also fotografieren lassen – nach einer durchwachten, verzweifelten Nacht. Ich weinte auch vor der Kamera. Sie machten mehrere Fotos von mir, von vorne, von der Seite und was weiß ich welche noch. Am schlimmsten waren dabei die unfreundlichen, verächtlichen Blicke der Beamten um mich herum. Ich rächte mich im Stillen, indem ich mir ständig versicherte, die Gauner seien *sie* und nicht ich. Jawohl, Gauner waren sie und nichts weiter!

Nach der Abnahme der Fingerabdrücke musste ich einem

von ihnen in ein bestimmtes Büro folgen. Als ich hineintrat, stand ein Beamter – er war in Zivil – auf und bat mich, Platz zu nehmen. Ich war ein wenig erleichtert. Nun hörte mich endlich einer an, und er würde mich freilassen. Aber nein, dieser Mann stellte keine Fragen. Er eröffnete mir nur, ich würde jetzt ins Gefängnis gebracht, und dort könne ich auf die Vorladung des Haftrichters warten. Und so war es auch. Ein einziger Albtraum. Die Hölle auf Erden.

Nach vielleicht fünf Minuten Autofahrt hielt der Polizeiwagen vor einem großen Tor. Er gehörte zum Freiburger Gefängnis. Ich wohnte zwar schon seit Jahren in Freiburg, war aber nie in dieser Straße gewesen und hatte dieses Gebäude noch nie gesehen. Das Tor ging auf, und als wir im Hof waren, schloss es sich hinter uns. Man ließ mich aussteigen, nahm mir die Handschellen ab und übergab mich an zwei andere Uniformierte. Anschließend fuhr das Polizeiauto wieder hinaus, und ich blieb drin.

Nun war ich ein echter Gefangener! Ich befand mich zwischen zwei großen Toren, mitten in einem weiten, spärlich beleuchteten Flur, und es war sehr still. Ich dachte: *Das kann ja wohl nicht wahr sein, ist es im Gefängnis so wie auf einem Friedhof?*

Unterschreiben sollte ich. Warum? Dass ich jetzt hier war? In dem Moment interessierte es mich nicht. Ich würde sowieso bald freigelassen werden, sobald ich dem Haftrichter alles erklärt haben würde. Also dem Beamten hinterher. Das innere Tor ging auf, und nun war ich in einem großen und sehr hellen Hof. Auf der einen Seite war das Eingangsgebäude, und die anderen Gebäude gehörten zum Gefangenenbereich. Wir gingen durch eine der Türen und über einige Flure. Kleiderkammer. Dusche. In der Dusche ließ ich mir Zeit, immerhin gab es warmes Wasser. Eine angenehme Überraschung! Aber Grund zur Freude? Hier im Knast? Ich spürte nur Hass. Sollte der Typ ruhig warten!

Danach brachte mich der Beamte in die Zentrale, die sich mitten in der Hölle befand, also mitten im Gefängnis. Plötzlich wurde es sehr laut. Ich traute meinen Augen nicht. Von wegen Friedhof! Hier quatschten Leute aus aller Welt in voller Lautstärke. Leute? Gefangene! Waren die vielleicht nicht einzeln eingesperrt?

Nun, inzwischen war es kurz vor dem Mittagessen, und offensichtlich war es möglich, sich miteinander zu unterhalten. Mit meinen Sprachkenntnissen würde ich mich wohl mit jedem von ihnen unterhalten können, neben Arabisch und Deutsch sprach ich ja auch noch Russisch und Französisch.

Aber nein, ich würde sowieso gleich wieder freigelassen werden. Und jetzt war ich erst einmal in der Zelle des Tunesiers. Beim Anblick der anderen Pritsche fragte ich mich, wem sie wohl gehören mochte.

Ali

Inzwischen war der Tunesier gekommen, mit dem ich nun die Zelle teilen würde. Ich hatte ihn in Freiburg schon einige Male gesehen, kannte ihn aber nicht wirklich. Durch die geschlossene Tür konnte ich hören, wie er wütend den Beamten beschimpfte und ihn zur Rede stellte, warum dieser seine Zelle in seiner Abwesenheit geöffnet hatte. Ich befürchtete schon, er würde auch mich angreifen. Dann sah er mich, stutzte und kam mit einem breiten Lächeln auf mich zu. Ich hatte von ihm also nichts zu befürchten. Er umarmte mich sogar und behauptete, mich durch seine Landsleute gut zu kennen. Er wusste, dass ich Student war.

Dies erklärte er auch dem Beamten, und dass ich ein netter Kerl sei; einen anderen hätte er nicht in seine Zelle aufgenommen. Dabei dachte ich im Stillen: *So wie du aussiehst, bist du ein Krimineller. Ich hätte niemals mit dir gesprochen!*, und lächelte dennoch zurück. Immerhin war ich in seiner Abwesenheit in der Zelle gewesen, und alle seine Sachen lagen offen herum.

Die Zellentür war wieder zu, und Ali fragte mich nach dem Grund meiner Verhaftung.

«Streit und Verleumdung, mehr nicht! Ich verstehe die Welt nicht mehr!», brach es aus mir heraus.

Der Tunesier tröstete mich: «Glaube mir, du hast überhaupt keine Chance! Für die Behörden hier sind wir nur Ausländer, und ihnen ist jede Kleinigkeit recht, um uns abschieben zu können!»

Ich erwiderte ihm: «So kenne ich die Deutschen aber nicht! Seit einiger Zeit bin ich in Deutschland und habe nur nette und freundliche Deutsche kennengelernt. Das stimmt nicht, was du sagst!»

Darauf meinte er nur noch: «Du wirst schon sehen.»

Jedes meiner Worte war wahr. Ich konnte nicht verstehen, warum ich im Gefängnis gelandet war, und so begann ich wieder zu weinen.

Alis Worte und auch seine Einstellung trugen natürlich nicht zu meiner Ermutigung bei. Die große Enttäuschung kochte immer noch in mir.

Der Tunesier war noch nicht fertig: Ich solle lieber einen Antrag stellen, genauso wie er in der Montage arbeiten zu dürfen.

Ich schrie ihm ins Gesicht: «Ich bin kein Krimineller wie du und werde wahrscheinlich demnächst entlassen!» Ich war mir so sicher, dass ich keine Strafe verdient hatte.

Doch Ali lachte nur. Wahrscheinlich hatte er nicht mehr alle Tassen im Schrank.

Ich fragte ihn, weswegen er saß. Lachend erklärte er mir, er sei aufgrund einer Falschaussage wegen Drogenbesitzes zu drei Jahren verurteilt worden. Das mit der Falschaussage glaubte ich ihm natürlich nicht, aber was ich gehört hatte, beunruhigte mich sehr.

Essen? Beten?? Arbeiten???

Plötzlich hörte ich Lärm hinter unserer Tür. Der Beamte öffnete und fragte mich, ob ich Rindfleisch oder Schweinefleisch essen wolle. Es war Mittagszeit, und zwei Gefangene verteilten das Essen. Dabei lernte ich ein neues Wort: Diese Leute nennt man «Schanzer». Ich antwortete, dass ich mich für gar nichts entscheiden würde und auf das Gefängnisessen verzichten wolle.

«Wollen Sie verhungern? Später gibt es nichts mehr!», entgegnete der Beamte.

Ich befürchtete, noch schwächer zu werden, und entschied mich – natürlich für Rindfleisch wie mein Zellenkollege.

Ob ich auch in Zukunft lieber Rindfleisch esse, fragte der Beamte dann mit der Liste in der Hand.

Das bejahte ich: «Aber, Herr Beamter, warum soll ich hier im Gefängnis bleiben? Ich werde heute Nacht sicher nicht mehr hier sein. Ich habe nichts getan, wofür ich bestraft werden müsste!»

«Ja, ja – das sagen viele!» Damit fiel die Tür wieder ins Schloss.

Siedfleisch, Kartoffeln, Soße und Salat. Inzwischen spürte ich meinen Hunger wieder. Aber das Essen war ekelhaft! So hielt ich mich an das Brot. Ali dagegen schien es zu schmecken. Vielleicht gab es an den anderen Tagen etwas Besseres?

«Ob das Essen gut ist oder schlecht, man muss alles essen», sagte Ali. «Alles außer Schweinefleisch.»

Ich antwortete: «Ehrlich gesagt, seit ich in Deutschland bin, habe ich ab und zu auch Schweinefleisch gegessen. Wenn es gut zubereitet ist, habe ich nichts dagegen!»

Angewidert schaute Ali mich an und warf mir vor, kein echter Moslem zu sein. Das sagte ausgerechnet er. Ich konterte, ein echter Moslem würde Drogen weder konsumieren noch damit Geschäfte machen.

Als Antwort nahm der Tunesier sein Badetuch, breitete es auf dem Boden aus und begann zu beten: «Allahu akbar ...»

Ich traute meinen Augen nicht!

Da ich die Regeln gut kannte, beobachtete ich ihn genau. Ich war ja selbst lange praktizierender Moslem gewesen und hatte jahrelang regelmäßig fünfmal am Tag gebetet und über zwanzig Jahre lang im Ramadan gefastet. Ali betete in einem Rekordtempo, so als müsste er nur eine lästige Pflicht erfüllen. Selbst die Suren aus dem Koran sprach er nur flüchtig aus und nicht so, wie es sich gehörte.

Sehr viele Moslems beten wie Ali. Das habe ich in vielen Moscheen gesehen, auch bei uns zu Hause, wenn wir Gäste hatten. Nicht jeder Moslem beachtet die Gebetsregeln.

Nach kurzer Zeit war Ali fertig, und ich fragte ihn, ob er früher, in der Freiheit, auch fünfmal täglich gebetet habe.

«Leider nicht! Deshalb bin ich ins Gefängnis gekommen, das ist die Strafe Allahs.»

Ich schmunzelte über seine interessante Aussage, die mich zugleich nachdenklich stimmte. Wie viele Menschen gibt es, die keine Moslems sind und trotzdem in Freiheit leben und ihr Leben genießen! *Nein*, dachte ich, *du hast mir nichts zu melden.*

Bevor Ali wieder zur Arbeit ging, empfahl er mir nochmals allen Ernstes, ich solle den Antrag stellen, zur Arbeit gehen zu dürfen. Einerseits sei das eine Abwechslung und der Tag und die Zeit würden schneller vorbeigehen; andererseits hätte ich dadurch bei der Entlassung wenigstens ein bisschen Geld. Er erklärte mir, wenn ich nicht zur Arbeit ginge, würde die Tür nur zum Essenreichen geöffnet. Sonst käme ich nie aus der Zelle.

Ich hörte ihm gut zu und fühlte mich von den Deutschen wie erpresst und versklavt. Dann ging Ali wieder zur Arbeit. Ich hatte niemanden, mit dem ich reden konnte. Ich war sehr einsam und sehr enttäuscht von den Deutschen.

Schließlich sagte ich mir: «Jetzt nehme ich die Situation, wie sie ist, und warte ab, was noch kommt!» Dabei zündete ich mir eine Zigarette an. Auf dem Esstisch stand ein Schraubglas. Ich öffnete es und roch hinein. Tatsächlich, duftender Kaffee! Kaffee, das kam mir jetzt gerade recht. Mit Alis Tauchsieder – auch das ein neues Wort – brachte ich etwas Wasser zum Kochen. Für die Waschung vor dem Gebet hatte Ali etwas Wasser erwärmt; Tauchsieder konnte man im Gefängnis kaufen, hatte er mir dazu erklärt. So zog ich abwechselnd an der Zigarette und nippte am Kaffee. Was Ali wohl dazu gesagt hätte? Ehrlich gesagt, war mir das jetzt ziemlich gleichgültig.

Ich fühlte mich total allein gelassen. Die Zeit schien stehenzubleiben. Ich konnte ja nicht nur Selbstgespräche führen, ich wollte doch nicht verrückt werden. Eine Stunde fühlte sich an wie ein ganzer Tag. Dabei wartete ich jede Minute darauf, dass man mich rief: «Idrissi, Sie sind entlassen!» Aber nichts geschah.

Ich begann mit den Fäusten gegen die eiserne Zellentür zu trommeln. Keine Reaktion. Erschöpft legte ich mich auf die Matratze und schlief schließlich vor Erschöpfung ein.

Da – ein Schlüssel in der Tür! Hofgang, neunzig Minuten Hofgang. Nun gut, so konnte ich wenigstens mit anderen Menschen reden.

Ein Spanier erklärte mir den Sinn der Übung: Man kommt an die frische Luft, kann sich bewegen, eine Dusche nehmen und sich unterhalten. Das war ja ganz nett, aber eigentlich hatte ich erwartet, entlassen zu werden. Dann sah ich den Tunesier und erzählte ihm, dass ich von seinem Kaffee genommen hätte. Er lächelte: «Nimm, so viel du willst, ich habe genug!» Das fand ich nett von ihm. Trotzdem ging ich lieber in den Hof hinaus. Mochte er doch inzwischen in der Zelle alleine beten. Ich wollte da nicht dabei sein.

Die kleine tägliche Freiheit

Der Hof war ein kleines Stückchen Freiheit: Hinter den hohen Mauern kann man die Fenster und Dächer der Stadt sehen. Mich packte die Sehnsucht. Manche Gefangene drehten mit großen Schritten ihre Runden, ein paar spielten Fußball, und wieder andere machten Bodybuilding. Für mich waren sie alle eindeutig Verbrecher, die sich mit der Haft abgefunden hatten. Deshalb wollte ich nichts mit ihnen zu tun haben und sagte kein Wort. Nach wenigen Minuten im Hof ging ich wieder zu meiner Zelle zurück.

Dort gab mir Ali einen kleinen Schlüssel und meinte, ich solle ihn aufbewahren – falls er einmal nicht da sein sollte. Wenn ich die Zelle verlassen würde, solle ich die Tür abschließen. Merkwürdig.

«Setz dich doch», sagte er dann und fragte mich, ob ich den jungen Yasin kenne, er sei auch Marokkaner.

«Ist er richtig jung und länger als ich?»

«Ja! Der ist auch hier im Gefängnis.»

«Ehrlich?», staunte ich.

Begeistert sagte Ali: «Komm, ich zeige ihn dir!»

Yasins Zelle war im dritten Flügel. Hier lagen die meisten Gefangenen, die die Schule besuchten. Seine Tür war offen; er zog sich gerade zum Fußballspielen um.

«Hallo Yasin!»

«Raschid, was machst *du* denn hier?»

Ich antwortete: «Schicksal, ich weiß es selbst nicht!»

Damit umarmten wir uns. Er war zwar kein Student, doch wir hatten uns durch marokkanische Studenten kennengelernt. Yasin war mit einer deutschen Frau verheiratet. Er hatte noch eine Aufenthaltsgenehmigung auf Probe.

«Und warum sitzt du hier?» Für den Überfall auf eine Sparkasse mit deutschen Freunden zusammen hatte Yasin mehr als vier Jahre Haft bekommen.

Ich sagte: «Du spinnst!»

Darauf begann er zu lachen und wollte gar nicht mehr aufhören. Schließlich hatte er Tränen in den Augen. Tränen der Reue und der Trauer? Keine Ahnung. Yasin erklärte mir, ganz bestimmt kein Anführer gewesen zu sein. Man habe ihn nur als Mitläufer ausgenutzt. Sollte ich ihm das glauben? Aber sonst war Yasin ganz nett und immer beliebt gewesen im Freundeskreis.

Natürlich wollte er auch wissen, warum ich festgenommen worden war. Das erklärte ich ihm ausführlich und erzählte ihm genau, wer da alles gegen mich aussagen könnte. Er kannte diese Leute auch, und es schien ihm alles harmlos und haltlos zu sein.

«Glaub mir, Raschid, du wirst nicht verurteilt werden!»

Nun begann ich wieder zu weinen. Das war mir wirklich peinlich, vor Yasin und vor Ali. Beide trösteten sie mich eine Weile und versicherten mir, dass es sich bei mir um eine harmlose Sache handelte und ich keine Angst zu haben brauchte. Wenn ich etwas bräuchte, könnten sie es mir geben.

Das fand ich nett von ihnen. Aber ich wollte nur so schnell wie möglich entlassen werden. Ich wollte mich mit nichts anderem zufrieden geben.

Das schien uns schon merkwürdig, wir waren doch Landsleute – und nun trafen wir uns im Gefängnis eines fremden Landes. Im Lauf unserer Unterhaltung erfuhr ich, dass Yasins Vater in Marokko Polizist sei.

Darauf wandte ich ein: «Der kann dir hier in Deutschland auch nicht helfen!»

Worauf er antwortete: «Das weiß ich. Aber nach der Abschiebung, wenn ich in Marokko lande, wird mir nichts passieren, und er wird mir auch helfen, wieder nach Europa zu gehen.»

Richtig stolz war er darauf – und tatsächlich, Yasin lebt heute in der Schweiz. In meinem Heimatland weiß jeder, wie wichtig und hilfreich es ist, einen Polizisten in der Familie zu haben.

Abschiebung. Wenn ich abgeschoben werden würde, das wäre für mich sehr schwierig. Der Gedanke machte mir Angst. Eine Abschiebung war das Letzte, was ich brauchen konnte. Meine Zukunft wäre ruiniert. Meine Familie würde mich ausstoßen, und keiner würde mit mir noch irgendetwas zu tun haben wollen. Meine Gedanken liefen wieder auf Hochtouren. Mechanisch nickte ich nur noch mit dem Kopf, ohne Yasin wirklich zuzuhören.

Irgendwann wechselte er das Thema und lud mich ein, mit ihm Fußball zu spielen, um auf andere Gedanken zu kommen. Wie die meisten Afrikaner und auch die Brasilianer sind wir Marokkaner verrückte Fußballfanatiker. Später haben Yasin und ich oft und viel Fußball gespielt; aber heute, an meinem ersten Tag im Gefängnis, hatte ich wirklich keine Nerven dazu. Sollte ich mich in meinem Unglück auch noch mit Fußballspielen vergnügen? Nein! Wie konnte sich Yasin nur mit dem Gefängnis abfinden und sich dazu noch im Gefängnishof amüsieren? Ich fühlte mich wie ein Tiger im Käfig, eingeengt und aufgebracht.

Wer das nicht selbst erlebt hat, kann es sich nicht vorstellen – dieses Gefühl, eingesperrt und im Gefängnis zu sein, obwohl man kein Krimineller ist. Es ist einfach grausam und unmenschlich. Man fragt sich, wozu man überhaupt lebt, und wünscht sich, lieber gar nicht geboren zu sein.

Yasin ging also alleine. Ich kehrte mit meinem Zellenkollegen in unsere Zelle zurück. Ali sollte nicht denken, ich hätte etwas gegen ihn, und tatsächlich, er schien ganz zufrieden zu sein. In der Zelle erklärte er mir die verschiedenen Arbeitsbereiche im Haus, welche Sportarten wir ausüben konnten und welche Schulen wir besuchen konnten.

So viele Möglichkeiten hatte man als Gefangener? So viel

Hilfe *für Kriminelle?* Warmes Essen, Besuch, Sportarten und sogar jeden Tag eine heiße Dusche, wie Ali mir versicherte – nie im Leben hätte ich mir ein Gefängnis so vorgestellt. Nun, das war eben ein deutsches Gefängnis. Ich war zwar noch nie in einem anderen Gefängnis gewesen, aber von marokkanischen Gefängnissen hatte ich natürlich ganz anderes gehört.

Drogenhändler ...

Jedenfalls erklärte ich dem Tunesier, als Germanistikstudent hätte ich keinerlei Interesse an irgendwelchen Schulen. Lieber wolle ich arbeiten, wenn es schon sein müsse.

Mit den Worten: «Eben, besser Geld verdienen für die Entlassung!», zog Ali einen Stapel Fünfzigmarkscheine aus der Tasche, zeigte sie mir und steckte sie lachend und blitzschnell wieder zurück. Schätzungsweise waren es über tausend Mark. Ali versicherte mir, es sei mehr. Ich fragte ihn, ob er das Geld einfach so mit sich herumtragen dürfe und woher er es habe.

Die Antwort flüsterte er mir nur ins Ohr: «Das ist verboten, sag es bloß niemandem!»

Ich gab ihm mein Ehrenwort.

Nun holte er aus seiner Arbeitsjacke eine große Kugel Haschisch und noch ein paar Klumpen in Form einer Bratwurst. Ich traute meinen Augen nicht. Damit wollte ich nichts zu tun haben!

«Wenn wir erwischt werden, übernehme ich die ganze Verantwortung. Du brauchst keine Angst zu haben», versicherte er mir und erklärte, im Gefängnis würde mit allen Arten von Drogen gehandelt; auch die Beamten wüssten davon. Man müsse nur vorsichtig sein und den Mund halten. Immerhin, fügte er hinzu, viele Insassen seien drogenabhängig und würden alles geben für etwas Stoff.

Auf meine Frage, wie er an all das Bargeld und an die Drogen käme, sagte er: «Das lass die Sorge anderer sein! Für die sind wir nur Ausländer und dazu noch Gefangene. Die behandeln uns wie Menschen zweiter Klasse!» Bei dieser Äußerung wurde Ali sehr aggressiv, und man spürte seinen Hass gegenüber den deutschen Behörden. Ich stimmte ihm aus tiefstem Herzen zu.

Hofgang. Eine Stunde war schon vorbei, es blieb noch eine halbe Stunde. Viele Gefangene kamen schon auf ihre Zelle zurück. Kurz hintereinander kamen einige von ihnen einzeln zu uns in die Zelle. Der Tunesier sagte, ich solle mal schnell hinausgehen, bis er fertig sei.

Also nahm ich mein Handtuch und ging zum Duschen. Es war mir klar: Sie wollten Geschäfte machen. Ehrlich gesagt, wollte ich keinen von Alis Kunden und Geschäftspartnern kennenlernen, und deshalb grüßte ich sie nicht einmal.

Die Dusche war sehr eng, und wir konnten einander alle sehen. Nein, das war nichts für mich. Es war schon schlimm genug, dass wir da ungeschützt und nackt nebeneinander standen, doch am schlimmsten fand ich die primitiven Sprüche. Zum Glück ließen sie mich in Ruhe. Wahrscheinlich hatten sie schon gemerkt, wie geladen ich war, und wagten deshalb nicht, mich anzumachen. Das war sehr klug von ihnen. Meine Nerven waren zum Zerreißen gespannt, und ich hätte mich auf jeden gestürzt, der mir in die Quere gekommen wäre.

... und Gaddafi-Fan

Als ich zurückkam, unterhielt sich mein Zellenkollege immer noch mit einigen Besuchern.

Ich wurde deutlich: «Verschwindet jetzt. Geht weg! Ich will meine Ruhe haben, und außerdem sind ein paar Beamte in der Nähe!»

Das funktionierte! Augenblicklich waren sie verschwunden, und ich beruhigte mich ein wenig. Ich setzte mich auf meinen Stuhl – aber was war das? Ein Porträt von Gaddafi, dem Präsidenten von Libyen, hing an der Wand! Das war mir bisher seltsamerweise noch gar nicht aufgefallen.

Das kann ja wohl nicht wahr sein, dachte ich bei mir. *In der ganzen Welt nennt man ihn Terroristenführer, und jetzt sollen wir mit ihm sympathisieren? Schon allein das ist Strafe genug, mit diesem Typen die Zelle zu teilen! Sind die Tunesier alle so?*

Dann sah ich noch ein anderes Bild: Mekka, die Stadt der Gebetsrichtung der Moslems. Das fand ich nun nicht ganz so schlimm wie das Bild von Gaddafi. Aber ehrlich gesagt hatte ich auch für Religion nicht mehr viel übrig. Ich fühlte mich nicht in der Lage, mich an irgendwelchen religiösen Diskussionen zu beteiligen. Doch war ich sicher, dass ich diesen Gesprächen nicht würde entkommen können.

Nun kam ein Beamter und fragte nach meinem Zellenkollegen: Wo er sei, und es sei Zeit zum Essenfassen. Augenblicklich war Ali da und wies mich an, alles zu nehmen, auch das, was ich nicht so mochte. Er würde es selbst essen. Der Tunesier war nicht dick, aber ein guter Esser, sehr stark, breitschultrig und seltsamerweise Nichtraucher.

Als das Essen kam, nahm ich alles an. Danach ging die Hausglocke, und anschließend wurden alle Türen geschlossen. Inzwischen war es fünf Uhr abends, eigentlich noch zu früh, um Abendbrot zu essen. Nach dem Essen ging Ali wieder zum Waschbecken und bereitete sich für die Gebetszeit vor. Nun, dafür war er schon mehr als eine Stunde zu spät dran. Anstatt rechtzeitig zu beten, hatte er Haschisch verkauft. *Und jetzt will er beten?*, fragte ich mich.

Nach kurzer Zeit war er fertig, und ich fragte ihn, ob er den Revolutionsführer Libyens, Muammar Gaddafi, mochte.

«O ja! O ja!», erwiderte er. «Das Bild habe ich aus Tunesien mitgebracht! Gaddafi ist der beste Mann der ganzen Welt!

Möge Allah die Amerikaner vernichten und jedes westliche Land, das sich gegen ihn stellt!»

Ich antwortete: «Moment mal, man kann doch nicht unschuldige Menschen verletzen oder töten, nur weil man hinter einem bestimmten Feind her ist!»

Nun kam Ali aber richtig in Fahrt: Alle in der westlichen Welt samt den Amerikanern seien Gottlose, und alle seien sie von Allah verflucht.

Bei dieser Äußerung dachte ich an die Islamisten, von denen ich etliches gehört hatte. Ob in den Moscheen oder auf der Straße, immer verfluchten sie die Nichtmoslems. Ob es ihm nicht zu gefährlich sei, sich so zu äußern, fragte ich ihn. Was würde die Gefängnisleitung tun, wenn sie wüsste, dass er für Terrorismus sei?

«Na und? Das Bild von Gaddafi haben sie schon oft hier gesehen. Wenn einer von ihnen es wegmacht, schneide ich ihm den Hals ab!»

Nun wusste ich sicher, dass er ein echter Sympathisant der Islamisten war. Ich nahm meinen Mut zusammen und fragte ihn, ob Allah sein Gebet wohl annehme, wenn er andere verfluche und Haschisch verkaufe. Darüber musste er einige Sekunden nachdenken.

«Nun ja, was willst du machen als Gefangener im fremden Land der Gottlosen?»

«Nein, ich meine, ob es Allah gefällt, wenn ein betender Moslem mit Haschisch handelt?»

Nun, für Ali war es einfach: Einem Moslem sei Allah gnädig. Ohne ihm recht zu geben, nickte ich. Eigentlich wollte ich ihm mit dieser Auseinandersetzung nur klarmachen, dass er mich nicht zu bedrängen brauchte, genauso wie er fünfmal am Tag zu beten.

Rausch und Religion

Ich bat Ali, auch wenn er Nichtraucher sei, mir das Rauchen zu gestatten. Dagegen hatte er nichts. Er freute sich einfach, mich als Zellenkollegen zu haben. Schließlich war ich Araber wie er.

Dann überraschte ich ihn mit der Frage: «Hast du auch ein Stückchen Haschisch für mich?»

Er antwortete: «Natürlich, ich dachte, du brauchst nur Tabak. Hier, das schenke ich dir!»

Ich nahm es sofort an und roch aber zunächst daran, um die Qualität zu prüfen.

Das Haschisch war einwandfrei, wie zu Hause in Marokko. Allerdings hatte ich kein Papier, um es einzurollen. So leerte ich eine Zigarette, mischte Haschisch und Tabak, füllte die Papierhülse wieder und fragte ihn, ob nun ganz bestimmt kein Beamter mehr kommen würde. Nein, jetzt würden die Beamten auch Feierabend machen, versicherte Ali mir. Nur wenn ein Gefangener Medikamente benötigte, würde einer vorbeikommen und öffnen; doch das sei selten.

Erleichtert begann ich, die Haschischzigarette zu rauchen. Das tat mir wirklich gut. Ich konnte mich beruhigen und musste nicht mehr so intensiv über meine Probleme nachdenken. Dann wurde ich müde und erklärte dem Tunesier, ich wolle mich jetzt ins Bett legen.

Noch nie war ich so früh ins Bett gegangen. Ich schlief tief und erwachte erst, als Ali sich wusch. Unglaublich, es war schon wieder Morgen.

«Ist jetzt ein neuer Tag?»

Der Tunesier lachte und meinte, es sei gut gewesen, dass ich so lange geschlafen habe; sonst hätte ich ja doch keine Ruhe gegeben mit all meinen Sorgen.

«Allerdings!», gab ich ihm recht.

Nun legte er wieder sein Badetuch auf den Boden und verrichtete sein Morgengebet. Ich blieb liegen und dachte an meinen Vater. Sein ganzes Leben war er jeden Tag früh aufgestanden, um zu beten. Immer noch verstört wegen meiner Verhaftung, entsetzte ich mich über Alis Gebet. Wie konnte man sich *als Gefangener* an irgendeinen Gott wenden? Welch eine Heuchelei!

Nachdem Ali sein Gebet beendet hatte, sagte er zu mir gewandt: «Jetzt bist *du* dran.»

Ich sagte, in dieser Hinsicht solle er mich bitte in Ruhe lassen. Ich wäre nicht bereit, im Gefängnis zu beten, und kennte mich überdies im Islam sehr gut aus. Jahrelang hätte ich mit voller Überzeugung den Islam praktiziert und wäre nun doch im Gefängnis gelandet. Das könne ich nicht verstehen.

Ali wusste, dass ich Student war und dass er intellektuell gesehen keine Chance hatte, mich zu überzeugen. Selbst konnte er kaum lesen und schreiben; mehrmals bat er mich später, ihm Briefe vorzulesen. Was hatte er mir schon zu sagen, ungebildet, wie er war? Ich spürte, dass es ihm unangenehm war, und erklärte ihm, ich würde seinen Glauben respektieren, hätte aber meinerseits keinerlei Bereitschaft, mich an Gott zu wenden. Das akzeptierte er, verabschiedete sich freundlich von mir und ging lächelnd zur Arbeit.

Der Beamte stellte fest, dass wir beide gut miteinander auskamen, und fragte mich: «Alles klar?»

«Nichts ist klar, Herr Beamter!», erwiderte ich mit finsterem Blick.

Die Tür wurde wieder verschlossen, und ich war bis Mittag alleine. Grausam, unvorstellbar. Ich ging zum Waschbecken, um meine Morgentoilette zu machen. Plötzlich ging die Tür wieder auf. Ich freute mich schon auf die Worte: «Sie sind frei!» – Doch nein, das war nur das Frühstück: der Beamte mit dem Essens-Verteiler, dem Schanzer.

Enttäuscht und wortlos nahm ich meine Portion entgegen, und die Tür wurde wieder geschlossen. Nach dem Frühstück rauchte ich meine letzte Zigarette. Was sollte ich nun ohne Zigaretten tun? Obwohl ich wusste, dass Ali Nichtraucher war, durchwühlte ich den Schrank meines Kollegen und fand tatsächlich eine Menge losen Tabak. Tauschware. Auch Blättchen waren dabei, und ich drehte mir eine Zigarette.

So stark war meine Sucht, dass ich einfach nahm und konsumierte, was mir gar nicht gehörte. Es war mir auch völlig gleichgültig, was mein Zellenkollege dazu sagen würde. In meiner Verbitterung nahm ich keinerlei Rücksicht mehr. Ich war in einer erbärmlichen Situation und musste mich durchsetzen. Zumindest hatte ich mir Tabak verschafft; auch das war ein beruhigender Gedanke. Das Rauchen half mir, auf andere Gedanken zu kommen. Meine Zuversicht, bald entlassen zu werden, wuchs wieder. Anschließend wurde ich wieder sehr müde, aber Tabak war für mich damals der beste Begleiter. Natürlich wusste ich, dass Rauchen ungesund ist, aber die Vorteile schienen mir eindeutig zu überwiegen.

Langsam verging die Zeit. Als am Mittag mein Zellenkollege kam, sagte ich ihm, dass ich keine Zigaretten mehr gehabt und deshalb Tabak aus seinem Schrank genommen hatte. Ich spürte, dass er nicht begeistert war. Trotzdem lächelte er und meinte, das mache ihm nichts aus, aber es wäre wirklich gut für mich, wenn ich den Antrag stellen würde, genauso wie er arbeiten zu gehen. Ali erklärte mir, mit dem verdienten Geld könne man zweimal im Monat einkaufen.

Das überzeugte mich: Unverzüglich ging ich zum Büro und beantragte Montagearbeit, wie sie auch mein Kollege ausführte. Der Beamte meinte, bis zur Genehmigung müsste ich ein paar Tage warten. Grinsend schlug ich ihm vor, mich doch gleich zu entlassen.

Mittagessen! Ich rannte zur Zelle zurück. Der Tunesier fragte mich, ob ich den Antrag abgegeben hätte. Darauf nickte ich nur, denn ich war nicht glücklich darüber, als Inhaftierter für die Deutschen zu arbeiten. Doch Ali beruhigte mich: Bei der Arbeit könne ich abschalten und würde auch ein wenig Geld verdienen bis zur Entlassung. Ich gab ihm recht und versprach ihm, dem Tabak und den Kaffee zurückzuzahlen.

Freundlich machte der Tunesier mir klar, es ginge ihm nicht um die Sachen, sondern um mich. Ich solle einfach nicht so alleine sein und leiden. Seine Großzügigkeit war das Einzige, was mir persönlich an ihm gefiel. Oft musste ich staunend erleben, dass die Europäer in dieser Hinsicht ganz anders sind. Wenn man von einem Deutschen oder einem Engländer auch nur ein Ei oder eine Zigarette ausleiht, erwarten sie, dass man es zurückgibt. Unter uns Arabern würde keiner auf diese Idee kommen. Uns liegt die Großzügigkeit im Blut! – Das war zumindest damals meine Ansicht; damals hatte ich Deutschen und Europäern gegenüber noch diese Vorurteile. Später habe ich manch anderes erlebt, woraufhin ich meine Meinung revidiert habe.

Eins fünfzig die Stunde

Tatsächlich bekam ich nach einigen Tagen die Erlaubnis, zur Arbeit zu gehen, in dieselbe Abteilung wie mein Zellenkollege. Man gab mir eine blaue Arbeitsjacke, eine blaue Hose und wies mir einen Arbeitsplatz an – Ali direkt gegenüber, der mir alles beibringen sollte. Das fand ich nicht schlecht; mit einem Deutschen hätte ich nicht viel anfangen können.

Handwerklich bin ich nicht besonders begabt, aber diese Aufgaben konnte ich sozusagen mit links machen. Ich sollte viele dünne bunte Kabel löten, an andere Plastikteile binden und alles wieder abgezählt sortieren. Dabei war ich sehr konzentriert und fleißig. Beim Studieren oder Lernen wie auch beim Arbeiten möchte ich ordentliche Ergebnisse liefern.

Doch mit der Routine kamen auch wieder die zermürbenden Gedanken: *Soll ich mich nun abfinden mit meiner Gefangenschaft? Soll ich nun für eine Mark fünfzig in der Stunde für die Deutschen arbeiten? So ein Krimineller, wie sie meinen, bin ich auch nicht! Was machen sie mit mir?* Jedes Mal begann ich wieder zu weinen und konnte nicht aufhören. Niemand bemerkte es, keiner tröstete mich. Wenn ich irgendwie versuchte, die Aufmerksamkeit eines Mitarbeiters auf mich zu lenken, erntete ich nur stummes Lächeln.

Bei den Kollegen gab es freundliche und unfreundliche Gesichter. Wer freundlich war, dem begegnete ich auch einigermaßen freundlich; wer etwas gegen mich sagte und unfreundlich zu mir war, dem gab ich kräftig zurück. Es war mir inzwischen total gleichgültig, was mit mir passieren würde. Ich war voller Wut und Zorn und ließ keinen Zweifel an meiner Bereitschaft, jeden Konflikt auszutragen, wie immer er auch enden würde.

Im Allgemeinen war die Atmosphäre nicht schlecht. Es war nicht sehr laut, die meisten konnten sich sogar unterhalten. Manche machten sich über ihre Kollegen lustig, wieder andere sangen nebenher. Im Gegensatz zum Mittagessen bekamen wir das Frühstück um neun Uhr am Arbeitsplatz. Es war immer reichlich: Kaffee, Tee, verschiedene Käsesorten, Marmelade, Butter, Brot und Schinken. Mit der Zeit begann ich, wieder richtig zu essen.

Vielleicht fragen Sie sich jetzt, warum ich das alles so detailliert schildere. Damit möchte ich jedem Leser klarmachen, wie schmerzhaft die Inhaftierung sein kann, besonders wenn man sie gar nicht verdient hat. Ich steckte in blauer Arbeitskleidung, sah an mir hinunter und fühlte mich beinahe wie ein Kriegsgefangener im Zweiten Weltkrieg. Ich war sehr deprimiert. Das passte einfach nicht zusammen. Ich war Auslandsstudent und auch schon in meiner Heimat als Student recht angesehen gewesen. Und nun war ich ein arbeitender Gefangener? Das fand ich sehr abstoßend und deprimierend.

Mein Hass auf die Deutschen wuchs. Es war mir unverständlich, wie meine Kollegen lachen konnten und miteinander Spaß hatten. Entweder hatten sie keine Moral, oder es war ihnen als Kriminellen sowieso alles gleichgültig.

Mit der Zeit begann ich, ihren Gesprächen zu lauschen. Viele haben Dialekt gesprochen; doch das Wesentliche konnte ich immer verstehen. Oft hörte ich ihnen zu, wie sie ihren Kollegen erzählten, was sie angestellt hatten und dass sie es mit Absicht getan hatten. So bekam ich sogar Informationen aus erster Hand über nie aufgeklärte Straftaten. Sie machten ihre Witze darüber und amüsierten sich köstlich.

Das alles geschah im Flüsterton; dazu sprachen sie schnell und in ihrer Mundart. Vor mir fühlten sie sich sicher. Als Ausländer könne ich sicher keinen Dialekt verstehen, nahmen sie an. Doch darin täuschten sie sich. Erstens war ich Germanistikstudent, zweitens hatte ich über viele Jahre hinweg in den Semesterferien im Schwarzwald gejobbt. Außerdem hatte ich zwei Jahre lang mit Sonja zusammengelebt, die auch Alemannisch sprach. Von ihr habe ich in dieser Hinsicht viel gelernt.

So hörte ich von kriminellen, üblen Straftaten. Die meisten meiner Kollegen scheuten sich nicht zu sagen, nach der Entlassung würden sie es noch schlimmer treiben wollen. Keine Spur von Reue oder Bedauern! *Oh nein*, dachte ich, *die wollen wohl ihr ganzes Leben im Gefängnis verbringen! Ist ihnen ihre Zukunft denn ganz egal? Wenn ich so wäre wie die, könnte ich mich auch mit meiner Situation abfinden!*

Ich fühlte mich einfach unbeschreiblich. Gefangener zu sein, war schon schwer – aber mit solchen Kriminellen auch noch zu arbeiten?

Niemand wusste es, doch für mich war das die Hölle auf Erden. Wenn man sich so fühlt, fürchtet man nicht einmal mehr den Tod.

Jörg

Es war noch in den ersten Gefängnistagen, den schlimmsten Tagen meines ganzen Lebens, Anfang Januar 1990. Wie jeden Tag hatten wir nachmittags eineinhalb Stunden Hofgang. Als noch nicht Verurteilter lag ich wie viele Häftlinge im ersten Stock des ersten Flügels.

Als ich gerade die Treppe hinunterging, hörte ich plötzlich jemanden hinter mir rufen: «He, Marokkaner, Marokkaner!» Ich drehte mich um.

Ein großer, junger, blonder Deutscher kam lächelnd auf mich zu und fragte mich, ob ich tatsächlich aus Marokko käme.

Ich erwiderte: «Ja, warum?»

Er legte mir die Hand auf die Schulter und erklärte mir, er habe einige Jahre in Marokko gearbeitet und dort ein eigenes Geschäft und viele marokkanische Freunde gehabt.

Das gefiel mir, und ich wurde neugierig. Weiter erklärte er mir, seine deutschen Partner in Marokko hätten ihn aus Neid irgendwie verleumdet, und deshalb säße er nun im Gefängnis.

Alles konnte ich ihm nicht glauben. Aber vielleicht hatte er doch einfach nur Pech gehabt? Dann fragte ich ihn nach seinem Namen. Den schrieb er mir auf und bat mich, ihm auf Arabisch einen Brief an die marokkanischen Behörden zu schreiben. Dazu war ich gerne bereit. Jörg, so will ich ihn hier nennen, umarmte mich voller Freude und versprach mir, wenn er mir auch etwas helfen könne, sei er gerne dazu bereit. Das war für mich in Ordnung, und wir wurden Freunde. Rückblickend muss ich sagen, diese Bekanntschaft war sicher kein Zufall.

Er lud mich zu einem Kaffee auf seine Zelle ein, sie war ganz in meiner Nähe. Nun erzählte auch ich, warum ich hier war. Jörg tröstete mich und versicherte, ich würde sicher bald entlassen und nicht verurteilt.

Nun begann ich wieder zu weinen, doch Jörg tröstete mich freundlich und ereiferte sich über die Deutschen im Allgemeinen, obwohl er auch einer war: «Wir, die meisten Deutschen, denken nur an das Materielle. An die Menschen und ihre Bedürfnisse denken wir nicht! Bei euch in Marokko habe ich erlebt, wie menschlich ihr seid. Aber die Deutschen und die Europäer sind ganz anders!»

Ich konnte ihm von Herzen zustimmen.

Ich freute mich über die Bekanntschaft mit Jörg. Es tat gut, mit jemandem über meine Heimat sprechen zu können. Seit fünf Jahren hatte ich meine Familie nicht mehr gesehen. Ich hatte Sehnsucht und versank in Selbstmitleid. Umso interessanter war es für mich, wenn Jörg von Marokko erzählte. Er musste tatsächlich einige Jahre dort gelebt haben. Jörg erklärte mir, eigentlich sei in dem Land fast alles in Ordnung, nur gäbe es eine große Kluft zwischen Arm und Reich. Das war für mich nichts Neues.

Die Glocke schrillte, und ich musste auf meine Zelle zurück. Zum Abschied umarmten wir uns wie gute Freunde: «Bis morgen!»

Abends erzählte ich dem Tunesier von dem Deutschen: dass er nett war, in Marokko gelebt habe und ich für ihn einen Brief auf Arabisch schreiben solle.

Neidisch meinte Ali: «Finger weg von den Deutschen! Der will dich doch nur ausnutzen!»

Ich antwortete, ich sei alt genug, um zu wissen, was ich tue. Er brauche sich um mich keine Sorgen zu machen. Im Nachhinein wurde mir klar, dass er sich Gedanken machte über seinen Haschischhandel. So versicherte ich ihm, ich würde dichthalten.

Wie versprochen machte ich mich gleich an die Arbeit. Ich gab mein Bestes und schrieb sehr sorgfältig, als ginge es dabei um mich selbst – höflich und in bestem Stil. Ich beherrsche

Hocharabisch in Wort und Schrift. Am nächsten Tag überreichte ich Jörg den Brief, worüber er sehr staunte.

«So schnell? Echt nett von dir. Danke!»

Er umarmte mich und lud mich bei sich auf der Zelle zum
Kaffee ein. Jörg bot mir auch eine seiner selbstgedrehten Fil-
terzigaretten an, der Tabak war vom Feinsten. Darüber freute
ich mich natürlich und nahm sie gerne an.

Dann gingen wir im Hof spazieren. Es war sehr kalt, deshalb liefen wir mehrmals im Kreis, um uns aufzuwärmen.
Das war mir aber zu dumm. Es kam mir vor, als hätten wir
beide den Verstand verloren. Deshalb schlug ich vor, wieder
ins Haus zu gehen, was wir auch taten. Wir fühlten uns wie
alte Freunde.

Im Gegensatz zu dem großen blonden Deutschen war ich
klein und braunhäutig. Beide waren wir um die dreißig. Damals war ich noch Moslem; Jörg dagegen zeigte kein Interesse
an irgendeiner Religion. Zwischen uns lagen Welten, dennoch
waren wir beide sehr froh über unsere Freundschaft. Nun ja,
wir hatten schon etwas gemeinsam: Wie jeder Mensch ohne
Jesus Christus waren wir beide verlorene Sünder. Das war
uns aber nicht bewusst. Wir waren eben einer Meinung in unserem Hass auf andere Menschen, die im Gegensatz zu uns
nichts taugten. Jörg dagegen war ein Held mit weißer Weste
und Alleskönner. Ich war ein sprachbegabter Student, ein
sportlicher und netter Kerl.

In unseren Herzen und Köpfen hatten wir nur Raum für
Stolz, Neid, Eifersucht und viel Hass. Wir rauchten ohne Ende. Über alles und jeden ließen wir uns aus und zogen über
unsere Mitgefangenen her. Vielleicht am größten war unser
Hass auf die Beamten im Haus, die doch gar nichts dafür
konnten, dass wir eingesperrt waren. Wir beschimpften sie,
lästerten über sie, und manchmal haben wir sie wohl auch beleidigt.

Unsere enge Beziehung und Freundschaft sollte unsere

Haftzeit überdauern. Auch draußen waren wir noch über zehn Jahre lang befreundet. Ich war bei Jörgs Hochzeit dabei, und er bei meiner. Wir haben einander geholfen. Ist das nicht herrlich? Inzwischen hat Jörg drei Kinder, und ich habe zwei. Doch das wusste ich damals noch nicht. Jedenfalls waren wir beide füreinander da, nicht nur in materieller Hinsicht, sondern wir ermutigten einander auch. Wenn es dem einen seelisch und moralisch schlecht ging, versuchte der andere, ihn zu unterstützen. Das brauchten wir beide.

Manchmal habe ich Jörg sogar Haschisch besorgt; bei dem Tunesier saß ich ja an der Quelle. Darüber freute sich Jörg sehr! Eigentlich nahm er keine Drogen, aber im Gefängnis sagt kein Mensch Nein. Haschisch war für uns eine große Hilfe, um einfach mal abzuschalten. Wir fanden diese Droge auch nicht so schlimm wie die härteren Sachen. Es war doch nicht ganz so schlecht, mit Ali auf Zelle zu sein. So war es für mich nicht nur einfach, an Haschisch zu kommen, ich brauchte auch nichts zu bezahlen. Andere Gefangene waren süchtig, und Haschisch war für sie unbezahlbar.

Wenn mein Zellenkollege mir ein Stück Haschisch gab, teilte ich es mit Jörg. Vor allem, wenn das Wochenende kam. Bis auf die eineinhalb Stunden Hofgang blieben die Zellen nämlich das ganze Wochenende über geschlossen. Das Wochenende und die Feiertage waren immer am schlimmsten. An diesen Tagen wollte die Zeit nicht vorbeigehen. Deshalb brauchten wir Haschisch. Das war zwar nicht besonders gesund, aber wer denkt in so einer Lage schon an seine Gesundheit?

Trotzdem kam ich in meinen Gesprächen mit Jörg zu dem Entschluss, mir eine andere Zelle zu suchen. Auf Dauer war es nicht ungefährlich, mit dem Tunesier zusammenzuliegen. Gesagt, getan: Ich bat den diensthabenden Beamten um Verlegung. Als Grund gab ich an, Alis laute Gebete würden mich nachts und frühmorgens stören.

Am selben Tag noch durfte ich umziehen – in die über-
nächste Zeile zu einem jungen Deutschen. Der war erleichtert, dass ich so gut Deutsch sprach, und freute sich sogar,
seine Zelle mit mir zu teilen. Das versöhnte mich damit, nun
ausgerechnet bei einem Deutschen gelandet zu sein.

Die Welt in der Zelle

Wir hatten uns manches zu erzählen. Oliver kam aus Südba-
den. Er hatte viele Autos geknackt und manche sogar geklaut.
Wenn er erst wieder in Freiheit wäre, würde er damit weiter-
machen, brüstete er sich.

Ich dachte, ich höre nicht recht. Ich fragte ihn, warum er
das getan habe.

Darauf erwiderte Oliver: «Die dummen Reichen sollen ihr
pralles Leben nicht alleine genießen!»

Irgendwie tat er mir leid, aber obwohl ich ihm nicht recht
geben konnte, widersprach ich ihm auch nicht. Ich wollte es
nicht mit ihm verderben. Bald konnte ich es nicht mehr hören, wenn Oliver wieder von seinem Lieblingsthema anfing,
und wechselte zu einem anderen Punkt. Zum Glück wurde
er nach einigen Wochen in ein anderes Gefängnis verlegt.

Schon am nächsten Tag bekam ich wieder einen Zellenkollegen, einen Italiener. Sandro trug teuren Schmuck und war
stolz darauf. Er verstand kaum Deutsch, und ich war nun
froh um meine Fremdsprachenkenntnisse. Ich hatte zwar nie
Italienisch gelernt, aber ich versuchte es mit Spanisch, Französisch und notfalls mit Englisch. So konnten wir doch einigermaßen kommunizieren. Ich nutzte die Gelegenheit und
lernte etwas Italienisch. Zumindest konnte ich verstehen, warum er festgenommen worden war. Jeder Gefangene wollte
etwas über den anderen wissen. Sandro saß wegen Mordes
und Drogen. Sehr schlimm.

Doch bald wurde es mir mit diesem Italiener langweilig. Wir konnten uns nicht wirklich unterhalten; er kam mir sehr primitiv vor. Ich fühlte mich doppelt im Gefängnis. So forderte ich wieder Verlegung.

Dieses Mal kam ich zu einem jungen Mann aus Polen. Jacek war Arzt und gut gebildet. Wie ich hatte er einige Jahre mit einer deutschen Freundin zusammengelebt und sprach sehr gut Deutsch. Auch Jacek war sehr verletzt und enttäuscht. Wir waren uns schnell einig: Wir waren nur verhaftet worden, weil wir Ausländer waren. Meine Hoffnung wuchs wieder, bald freigelassen zu werden.

Jacek ging es wirklich schlecht. Er jammerte unaufhörlich und weinte oft, wie ich es in den ersten Tagen auch getan hatte. Immer wieder beteuerte er seine Unschuld, und sein Hass auf alle Deutschen war wirklich groß. Jacek war für mich eine zusätzliche Belastung. Ich versuchte ihm klarzumachen, dass nicht alle Deutschen ausländerfeindlich seien. Er war aber zu verzweifelt, um das zu akzeptieren. Alle meine Beschwichtigungsversuche waren zwecklos.

Ich konnte nicht mehr. Der Pole nervte mich unsäglich. Jörg schlug mir vor, Jacek jedes Mal eine Ohrfeige zu geben, wenn er wieder von seinem Fall anfangen würde. Das hätte ich ja gerne getan, aber so kann man keine Zelle teilen. Also fand ich mich mit meiner Lage ab und blieb einige Monate bei ihm.

Eigentlich tat mir Jacek sehr leid, obwohl ich meine eigenen Sorgen hatte. Wir kamen dann doch immer besser miteinander zurecht. Wir spielten Karten und tauschten uns dabei über unsere Religion aus. Ich erklärte ihm etwas zum Islam, dass ich diese Religion sehr schätze, aber schon lange nicht mehr praktiziere. Jacek war katholisch. Wenn ich ehrlich bin, sagte mir das gar nichts. Wie jeder Moslem wusste ich nur, dass Christen das Kreuz anbeteten – und das war für mich inakzeptabel und einfach falsch.

An Ostern kam der katholische Gefängnispfarrer in Begleitung eines Beamten zu uns auf Zelle und gab Jacek Schokolade und drei bunte Ostereier mit der Frage: «Aus welchem Land kommt Ihr Zellenkollege?» Warum fragte er mich nicht selbst? Jacek erklärte, ich käme aus Marokko. Der Pfarrer schaute mich an und meinte: «Aha, er ist Moslem!» Nachdem er Jacek zum nächsten Sonntagsgottesdienst eingeladen hatte, ging er wieder. Ich dachte, das kann ja wohl nicht wahr sein.

Ich hatte sowieso keine allzu hohe Meinung von den Christen und vom Christentum, doch nun hielt ich noch weniger davon. Das Verhalten des Pfarrers war keine gute Werbung. Für mich war es ein weiterer Beweis, wie weit der christliche Glaube von der islamischen Mentalität entfernt ist. Deshalb sagte ich zu dem Polen, über die Kirche könne ich nur lachen, wenn nicht einmal ihre Diener den Glauben an Gott ernst nähmen. Das verstand Jacek nicht ganz, und ich erklärte ihm, dieser Pfarrer habe bürokratisch gehandelt, indem er nur seinen Glaubensgenossen beschenkte und mich als Moslem nicht. Für mich war es klar, ein gläubiger Mensch durfte nicht so handeln. Dann erklärte ich meinem Zellenkollegen, ein wahrer Gott würde etwas anderes erwarten.

Jedenfalls war ich über diesen Pfarrer und über seinen Glauben entsetzt und begann, wieder über meinen islamischen Glauben nachzudenken. Glauben hin, Glauben her – was interessierte mich das eigentlich? Ich war im Gefängnis, daran änderte kein Glaube etwas. So versuchte ich dann Jacek klarzumachen, ich sei grundsätzlich gegen das Christentum und fände den Islam besser, auch wenn ich nicht fünfmal am Tag beten würde. Ich sei eben nur vom Islam überzeugt, und er, Jacek, sei wie alle Christen nur Anbeter des Kreuzes, nichts weiter. In der Tat bezeichnen alle Moslems weltweit die Christen als Anbeter des Kreuzes.

Mit der Zeit gewöhnte ich mich an Jacek. Obwohl ich meine eigenen Sorgen hatte, empfand ich Mitgefühl für ihn.

Wir tauschten uns aus über unsere Kindheit, unsere Erlebnisse und die Kulturen, in denen wir aufgewachsen waren. Es war sehr spannend und manchmal auch lustig. So langsam konnten wir einander besser verstehen, und wir begannen, einander zu mögen.

Eines Tages fing er an, mich immer wieder zu umarmen, und sagte, er sei so froh, mich kennengelernt zu haben. Das fand ich zunächst in Ordnung; doch wurden seine Umarmungen immer fester und dauerten immer länger. War Jacek schwul? Was sollte ich tun? Ich hätte ihm am liebsten ins Gesicht geschlagen und mit der Faust an die Tür gehämmert, bis ein Beamter gekommen wäre, und seine sofortige Verlegung gefordert. Doch zuerst probierte ich es anders. Ich schob ihn mit beiden Händen von mir weg und machte ihm klar, dass ich seine Annäherungsversuche nicht tolerieren würde. Daraufhin erwiderte er, ich wäre ihm doch nur sehr sympathisch, das sei alles. Das akzeptierte ich, und von da an war Jacek sehr zurückhaltend und wurde ruhiger.

Jacek war spürbar erleichtert, dass ich weiterhin mit ihm sprach. Er öffnete sich mehr und mehr und wich nicht von meiner Seite. Selbst wenn die Türen offen waren und wir die Zelle verlassen durften, war er plötzlich wieder an meiner Seite. Das störte mich sehr, denn ich wollte mit Jörg auf seiner Zelle auch einmal alleine sein.

Einmal sagte Jörg ihm geradeheraus: «Bitte, lass uns mal alleine, lass uns mal in Ruhe, ja?!»

Jacek nickte und verschwand; vor Jörg hatte er Respekt. Nun lud Jörg mich zu sich auf die Zelle ein. Jörg hatte eine sehr schöne Zelle. Obwohl er alleine lag, war seine Zelle doppelt so groß wie unsere. Das konnte ich nicht verstehen. Bei Jörg war eine bessere Atmosphäre als bei mir, er mochte mich sehr und schenkte mir immer Kaffee und Zigaretten.

Mein guter Freund

Jörg war der einzige Mensch im ganzen Gefängnis, der mich wirklich tröstete, wenn ich wieder einmal voller Verzweiflung war über meine zerstörte Zukunft und wenn die Angst mich beinahe verrückt machte. Er versicherte mir, ich könne mein Studium später sicher fortsetzen und würde nach der Entlassung nicht abgeschoben. Ich glaubte ihm kein Wort und machte es ihm bestimmt nicht leicht.

Natürlich war ich unschuldig. Aber das interessierte hier keinen: «Ja, ja – das sagen viele!» Es hatte keinen Sinn mehr. Und warum sollte ich mir die leeren «Trost»-Worte meiner Mitgefangenen anhören? Die konnten mir auch nicht helfen. Aber bei Jörg war es anders. Ich spürte, dass Jörg es wirklich gut mit mir meinte, und war ihm sehr dankbar dafür.

Man konnte Jörg ansehen, dass er auch seine eigenen Sorgen hatte. Trotzdem kümmerte er sich um mich. Jeden Tag besuchten wir einander und begrüßten uns immer mit einer herzlichen Umarmung. Das bemerkten nicht nur die Gefangenen, sondern auch die Beamten. Jeder machte sich seinen eigenen Reim darauf, das war uns aber gleichgültig. Wir wussten, dass wir eine Herzensbeziehung zueinander hatten.

An einem kalten, windigen Wintertag schlief Jörg bei offener Tür und schnarchte sehr laut. Er bemerkte nicht einmal, dass der Beamte die Tür geöffnet hatte zum Hofgang. Damit er sich nicht erkältete, nahm ich die zusammengelegte Decke und breitete sie über ihm aus. Dann lehnte ich seine Zellentür an und ließ ihn weiterschlafen. Er war Deutscher, ich Marokkaner – und doch tat ich das aus brüderlicher Liebe zu ihm. Heute denke ich, dass Gott dies so geplant hatte.

Jörg war für mich wie ein echter Bruder, und das beruhte auf Gegenseitigkeit. Wie würde es ihm wohl gehen, wenn er entlassen würde? Ich machte mir Sorgen um ihn und gab ihm Ratschläge, wie er draußen ein friedliches Leben führen konnte. Ich fürchtete, er würde wieder einmal rebellieren und eine Straftat begehen. Schließlich versicherte mir Jörg immer wieder, er würde sich – legal oder illegal – eine gute Zukunft sichern.

Das beruhigte mich nicht wirklich. Aber wir versicherten einander, uns in der Freiheit wiederzusehen und zu besuchen, wo auch immer das sein würde. Er hatte eigentlich nur seine Mutter, die mit ihrem Freund zusammenlebte. Dieser Mann tyrannisierte sie.

Wenn ich recht informiert bin, hatte Jörg noch eine Schwester. Doch seit seiner Jugendzeit war er auf sich selbst gestellt gewesen und hatte Mutter und Schwester schon lange nicht mehr gesehen. Ich fragte mich, wie er draußen ein ruhiges und stabiles Leben führen konnte, so alleine, wie er war. Ich, der Ausländer, hatte relativ oft Besuch – und er nie. Er wurde dann übrigens zu knapp zehn Jahren verurteilt, und dies ohne jeden Kontakt nach draußen. Das ist wirklich bitter. Kurz und gut, wir beide brauchten einander, und wir jammerten nicht nur, sondern lachten auch sehr viel.

Beinahe überflüssig zu sagen, dass in der Freiburger Justizvollzugsanstalt Häftlinge aus fast aller Welt einsaßen. Außer Europäern waren Lateinamerikaner, Araber, Türken und Afrikaner darunter. Etwa die Hälfte der Gefangenen kam aus Deutschland. Die deutschen Gefangenen schauten uns mit großen Augen an, wenn sie Jörg und mich zusammen sahen, ob auf dem Hof, im Haus oder auf Zelle zu Besuch. Die meisten wollten nicht wahrhaben, dass ich als Ausländer einen deutschen Freund hatte. Die ausländischen Gefangenen verstanden es übrigens auch nicht. Ich erklärte ihnen, Jörg sei nett und habe nichts gegen Ausländer. Trotzdem lästerten sie. Ich ließ mir allerdings nichts gefallen. Auch als sehr guter Fußballspieler und bester Ausländer in dem einjährigen Kurs «Deutsch als Fremdsprache» konnte ich mir etwas Respekt erwerben.

Ein Landsmann fragte mich mehrmals: «Du bist immer mit diesem Typen zusammen. Reicht es dir denn nicht, dass du bei den Deutschen im Knast sitzt? Die Türken, Araber, Franzosen und Afrikaner können das alle nicht verstehen.»

Eines Tages platzte mir der Kragen, und ich erwiderte ihm in voller Lautstärke: «Auch in Marokko gibt es jede Menge Vollidioten! Sogar in der eigenen Familie kann es schlechte Menschen geben. Du kannst doch nicht alle in einen Topf werfen!»

Von da an wagte keiner mehr, mir so etwas zu sagen.

Glück im Unglück

Eigentlich wollte es keiner mit mir verderben, denn das meiste von dem Haschisch, das ich von Ali weiterhin bekam, tauschte ich gegen Tabak, Milch und andere Dinge. So war ich immer gut versorgt. Geld bekam ich nie dafür, obwohl die richtigen Dealer genügend Geld hatten. Das sah ich mit großen Augen und fragte mich, wie das im Gefängnis möglich war. Es war aber kein Traum und keine Einbildung, sondern Alltagsrealität. Das war 1990 und 1991; damals wurde mindestens ein Beamter suspendiert und, wie ich gehört habe, auch ein großer Drogenhändler verhaftet.

Natürlich wurden alle Zellen ab und zu gründlich kontrolliert. Trotzdem besaßen viele Gefangene reichlich Drogen. Ich persönlich hatte bis dahin noch nie mit eigenen Augen Kokain oder Heroin gesehen – im Freiburger Gefängnis waren andere Drogen im Umlauf. Wenn ich sie gesehen habe oder den Inhaftierten beim Spritzen zusah, habe ich mich davor geekelt. Ich bin Gott wirklich dankbar, dass er mich so geschaffen hat – mit einem Widerwillen gegen harte Drogen.

Zahlreiche Gefangene hatten auch die Möglichkeit, aus Obst alkoholische Getränke herzustellen, entweder für den eigenen Bedarf oder auch, um damit Geschäfte zu machen. So konnte Jörg sich oft ein oder zwei Sprudelflaschen voll Schnaps besorgen. Weil ich ihm immer wieder Haschisch besorgte, schenkte er mir eines Tages einen halben Liter Schnaps. Auch Alkohol war im Gefängnis nicht erlaubt; wer erwischt wurde, bekam mehrere Wochen Arrest. Ein hoher Preis!

Arrest bedeutete, alleine auf einer Zelle zu sein, ohne Zigaretten, ohne Radio und ohne Hofgang. So versteckte ich die Flasche Schnaps im Ärmel meines Pullovers. Es war gerade Hofgang, und oft werden die Zellen in dieser Zeit kontrolliert. Wir Gefangenen selbst wurden nie kontrolliert. Trotzdem hatte ich Angst.

Als wir wieder eingeschlossen waren, drehte ich einen Joint und trank einige Schluck Schnaps. Oh, das war großartig! Der Teufel freute sich auch mit. Damals hatte ich eine eigene Zelle, alleine fühlte ich mich wohler. Am nächsten Tag, als die Zellen zum Hofgang geöffnet wurden, rannte ich zu Jörg auf den Flur hinaus und erzählte ihm begeistert, wie sehr ich es genossen hatte.

Am Ende der eineinhalb Stunden gingen wir wieder zurück auf unsere Zellen. Aber was war das? Auf unserem Stockwerk gingen Beamte in die Zellen hinein und kamen wieder heraus. Ich dachte nur: *Oh mein Gott! Heute werde ich sicher bestraft! Ich habe noch eine halbvolle Flasche Schnaps in meiner Zelle!* Tatsächlich, da kam ein Beamter aus meiner Zelle heraus, sah mich an – und ging in die nächste Zelle hinein.

Auf dem Tisch stand der Schnaps, wie ich ihn verlassen hatte. Der Kleiderschrank war durcheinandergewühlt und auch mein Bett. Nun, wahrscheinlich hatte der Beamte den Schnaps selbst getrunken oder ins Waschbecken geschüttet und die Flasche mit Wasser gefüllt. Das wollte ich doch gleich sehen! Ich nahm einen großen Schluck – und musste husten.

Tatsächlich, der Schnaps war noch in der Flasche! Ich lachte mich halbtot.

Später erzählte ich es Jörg, und wir amüsierten uns darüber. Wie konnte es sein, dass der Beamte alles durchsucht und die Flasche auf dem Tisch übersehen hatte? Vielleicht hatte er tatsächlich gedacht, in der Flasche sei nur Sprudel. Glück im Unglück – aber ich war ja sowieso unschuldig im Gefängnis.

Das Urteil

Nach siebeneinhalb Monaten kam die Verhandlung, der ich erleichtert und gelassen entgegensah: Endlich würde man einsehen, dass ich kein Krimineller war, und mich in die Freiheit entlassen. Weit gefehlt! Was der Staatsanwalt da aus seinen Akten vorlas, darüber konnte ich nur staunen. Wie konnte er als Mensch nur so handeln?

Ich fragte mich auch, ob es wirklich einen lebendigen Gott gäbe. Der Richter war etwas milder und hatte ein wenig Verständnis für mich; zumindest hielt er mich nicht für einen harten Kriminellen. Trotzdem sprach er mich schuldig. Für das Gericht war die Beweislage klar, und ich wurde zu zwei Jahren und neun Monaten Freiheitsstrafe verurteilt (mehr dazu später).

Bei der Urteilsbegründung stand ich auf und schrie weinend, ich hätte doch gar keine Straftat begangen. Der Richter forderte mich und meinen Anwalt auf, uns hinzusetzen, aber ich schrie nur: «Nein, nein, nein, das kann nicht sein!»

Doch die Verhandlung war abgeschlossen. Der Anwalt sagte, er würde gerne Widerspruch einlegen; das Urteil sei zu hart. Ich sagte ihm, es sei undemokratisch und er solle sein Bestes geben. Viel traute ich ihm nicht zu, schließlich war er nur ein Pflichtverteidiger. Ich fühlte mich sehr verlassen.

Man brachte mich wieder ins Gefängnis zurück. Vor Erschöpfung bekam ich starke Kopfschmerzen. Als Jörg mich sah, lief er auf mich zu und fragte, wie es gewesen sei.

Ich sagte nur: «Zwei Jahre und neun Monate!»

Darauf schrie er laut: «Nein, das kann doch nicht wahr sein!», und fuhr fort, die Behörden seien sehr bürokratisch und ausländerfeindlich.

Das sah ich auch so – und begann wieder zu weinen. Es war Mittagszeit. Er fragte den Diensthabenden, ob ich über Mittag bei ihm bleiben dürfte, damit er sich um mich kümmern könnte. Der Beamte war so nett und erlaubte mir, bei Jörg zu Mittag zu essen.

Ja, das waren sehr harte Zeiten. Ich hatte keine Alternative und musste mich mit dem Urteil abfinden.

Freunde aus Nord und Süd

Jörg erhielt ständig Besuch von einem anderen deutschen Gefangenen. Ralf war Polizist gewesen und kam aus Hamburg. Er hatte mit Kollegen und Vorgesetzten kriminelle Machenschaften betrieben. Dafür hatte er vier Jahre bekommen.

Wir hatten noch einen anderen Freund: Bruno war Schweizer und hatte mit Pferden große Geschäfte gemacht. Er war wegen Steuerhinterziehung verurteilt worden. Ralf und Bruno hatten Mitleid mit mir. Wenn ich erst wieder draußen wäre, so versicherten sie mir, würden sie mich finanziell unterstützen. Mit der Zeit wurden wir vier gute Freunde. Jeden Tag trafen wir uns bei dem einen oder anderen und sprachen über unsere Zukunftspläne.

Dieser Freundeskreis war für mich sehr wichtig. Ich spürte, dass sie auch mich mochten. Sie alle hatten sich mit ihrem Urteil abgefunden und wollten ihre Strafe in Ruhe, vernünftig und gemeinsam absitzen. Der Pferdehändler aus der Schweiz bat mich, ihm jeden Tag Französisch beizubringen. Draußen wollte er mich dafür reichlich beschenken. Sollte ich ihm das glauben? Wohl eher nicht. Trotzdem gab ich mir alle Mühe, so dass er das Nötige in Wort und Schrift ganz gut beherrschte. Er lernte wirklich viel. Allerdings hat er sein Versprechen bis heute nicht erfüllt.

Das gibt es oft unter Gefangenen: Sehr viele Strafgefangene versprechen anderen alles Mögliche, nur um das zu bekommen, was sie brauchen; aber sie halten ihre Versprechen nie. Sie nutzen andere Gefangene gnadenlos aus. Sie verweigern die Arbeit und haben deshalb kein Geld. Also versuchen sie, ihren Bedarf anders zu decken. Vielleicht wollen sie auch teuren Schmuck oder Drogen. Wenn sie dann aber wieder draußen sind, kümmern sie sich nicht mehr um den anderen.

Mit Jörg war das anders: Wir wurden entlassen und blieben Freunde; davon erzähle ich später mehr. Doch Ralf und Bruno haben beide ihre Versprechen nicht gehalten. Seither sind zwei Jahrzehnte vergangen, und bis heute hat keiner nach mir gefragt. Keiner weiß vom anderen, wo er lebt. Vielleicht ist das ganz gut so! Jedenfalls war die Zeit im Gefängnis eine interessante Zeit für uns. Wir waren vier Personen aus drei Nationen. Ja, und wir waren alle keine Dummköpfe. Wir brachten einander wichtige Dinge bei und hatten viel Spaß miteinander.

Verzweifelte Rachegelüste

Die Sorgen um meine Zukunft verließen mich allerdings nie, sie waren meine treuen Begleiter. Meinen Zorn und meine Frustration habe ich jeden Tag beim Fußballspielen rausgelassen. Manchmal traf es auch die Beamten, wenn sie nicht nett zu mir waren. Oft antwortete ich ihnen unfreundlich oder schrie sie sogar an, bis sie verschwanden. Heute tut es mir leid. Diese armen Leute können doch nichts dafür, dass jemand inhaftiert wird.

Eines Tages bekam ich Bescheid, ich würde in zwei Stunden Besuch von meinem Anwalt erhalten. Ich beschloss, ein gutes Messer aus der Zelle meines Freundes mitzunehmen und den Typen niederzustechen. Damals im Gefängnis war ich extrem aggressiv wie nie zuvor oder danach in meinem Leben. Ich erzählte Jörg, was ich mit dem Messer vorhatte. Der schrie mich an und machte mir klar, das sei wirklich keine gute Lösung und würde mir nur lebenslänglich einbringen. Also beschränkte ich mich darauf, dem Anwalt Vorwürfe zu machen – als Pflichtverteidiger arbeite er offenbar nur für das Gericht und gegen mich, obwohl es andersrum sein sollte.

Über sieben Monate war ich nun schon hier; ich konnte es keine Stunde länger aushalten. Es war wie im Film, nur dass ich die lebendige Hauptperson war. Nicht nur das Urteil fand ich unerträglich, sondern auch das Gefühl, Gefangener und völlig machtlos und ausgeliefert zu sein. Mein Hass steigerte sich ins Unermessliche. Meine drei Freunde sprachen mir gut zu, doch ich antwortete nur mit Tränen der Enttäuschung und der Wut.

Eines Tages, es war gerade Hofgang, schaute ich vom dritten Stock durch das vergitterte Fenster über die Gefängnismauern auf die nahegelegenen Gebäude und Dächer der Stadt hinunter. Ich sehnte mich so nach Freiheit! So fragte ich den Gott des Himmels und der Erde, warum nur dies alles mir zugestoßen war. Ich sagte mir: «Na ja, wenn es ihn tatsächlich gäbe, dann hätte er doch etwas getan.» Damit ging ich wieder zur Treppe, in Richtung meiner Zelle.

Bibelkreis im Gefängnis

Unterwegs sah ich an einer Tür ein Infoblatt hängen. «Einladung zum Bibelkreis»! Als Moslem hatte ich dafür nur ein müdes Lächeln übrig. Doch plötzlich sprach eine Stimme in mir: *Du, Raschid, komm hier herein und höre die Worte Gottes. Es gibt sowieso nur einen wahren Gott, und den wirst du hier finden. Vergiss all die Religion und komm!*

In diesem Moment erfüllte mich eine tiefe Ruhe. Ich fühlte mich wohl und so getröstet wie noch nie. Also sagte ich mir: «Nun gut, es geht zwar nicht um den Koran, sondern um die Bibel. Aber immerhin geht es um Gott!» Also fragte ich beim Stockwerksbeamten nach, wie ich auch dorthin gehen könnte. Ich musste dafür einen Antrag stellen und jeden Freitag aufs Tischtennis verzichten. Das fiel mir nicht ganz leicht, trotzdem gab ich diesem Bibeltreff den Vorzug.

Innerhalb von drei Tagen war der Antrag genehmigt, und am Freitag durfte ich zum Bibeltreff gehen. Es waren etwa zwanzig deutsche und schwarzafrikanische Gefangene da. Sie standen herum und unterhielten sich friedlich. Nun, zum Glück war hier nicht so ein Chaos wie sonst im Haus. Offensichtlich hatten sie alle einen christlichen Hintergrund; ich war wohl der einzige Außenseiter. Aber ich war neugierig und wollte wissen, worum es in der Bibel und im christlichen Glauben denn nun ging.

Nach einigen Minuten kamen etwa zehn Leute herein und begrüßten jeden Gefangenen herzlich, manche sogar mit einer Umarmung. Ich fragte mich, ob sie sich vielleicht von draußen her kannten. Dann kamen sie auch auf mich zu. Einer nach dem anderen fragte mich freundlich, ob ich zum ersten Mal hier sei. Ich bejahte und nahm dann Platz wie alle anderen.

Von der Freundlichkeit und der Ausstrahlung der Besucher war ich sehr angetan, auch wenn ich mich als Araber und

Moslem von ihnen allen meilenweit entfernt fühlte. Trotzdem war ich sehr gespannt, wie mir diese Veranstaltung zusagen würde. Nach etwa einer Viertelstunde des Austauschs bat einer der Besucher alle, zur Ruhe zu kommen; offensichtlich war er der Leiter. Plötzlich herrschte wirklich Ruhe. Er richtete Grüße von draußen aus, und dann deutete er mit der Hand auf mich: Ich sei neu in der Gruppe, und er freue sich darüber. Ich stellte mich kurz vor und dankte.

Die Gruppe nannte sich «Schwarzes Kreuz», und der Leiter hieß Martin. Martin ist Rechtsanwalt für Zivilrecht. Nun ja. Ich war mir sicher, dass er sowieso nur mit dem Gericht zusammenarbeiten würde und natürlich gegen uns Gefangene war.

In der Gruppe gefiel es mir gut, die Atmosphäre war angenehm. Die Leute hatten Instrumente mitgebracht, und wir begannen, Loblieder zu singen. Die häufigsten Worte waren *Gott* und *Jesus*. Als Moslem war es mir suspekt, dass sie Gott mit Instrumenten und Musik anbeteten, und ebenso, dass sie Jesus Christus auf die gleiche Stufe stellten wie Gott. Das konnte ich nicht ernst nehmen. Im Islam darf man beim Beten weder vor Gott tanzen noch singen. Gott sei Dank weiß ich heute, dass Gott sich sehr darüber freut, wenn der Mensch ihm Loblieder singt und über ihn jubelt. Als Moslem allerdings sieht man das ganz anders: Man darf nur still beten, aber nie und nimmer vor Gott singen.

Immerhin sind auch die ersten biblischen Propheten im Koran als echte Propheten anerkannt. Zum Beispiel David, der seinen Schöpfer und allmächtigen Gott mit einfachen Instrumenten angebetet hat und von dem auch Lieder überliefert sind. Das war anderthalb Jahrtausende, bevor der Koran kam.

Nachdem sie fünf oder sechs Lieder für Gott gesungen hatten, trug einer der Besucher ein Thema aus der Bibel vor. Seither sind viele Jahre vergangen, aber ich kann mich noch sehr gut daran erinnern: Es ging um Abrahams Söhne Isaak und Ismael. Als Moslem hatte ich von den beiden gehört, aber ich hatte keine Ahnung, dass Abrahams Geschichte und die seiner Söhne auch in der Bibel zu finden ist. Ich wurde neugierig. Doch dann erfuhr ich, dass in der Bibel Isaak wichtiger ist als Ismael, der im Koran betont wird. Nun, für mich war es klar, dass der Koran recht hatte: Für Gott war Ismael wichtiger als sein Bruder. Ismael war mehr gesegnet als Isaak.

Ich bin zwar kein islamischer Theologe, aber wie es jedem Moslem gut ansteht, wusste auch ich, dass – nach der Auffassung des Korans – Allah den Abraham aufforderte, ihm seinen geliebten Sohn *Ismael* wie ein Lamm zu opfern. Als Allah sah, dass Abraham bereit war, seinen Sohn mit dem Messer für Allah zu schlachten, brachte er ihm durch den Engel doch noch ein Schaf.

Daher kommt das Hammelfest, das im Islam einmal im Jahr gefeiert wird. Jeder Moslem muss Allah ein Lamm oder ein Schaf opfern, damit seine Sünden vergeben werden. Dies habe ich bei meinen Eltern über zwanzig Jahre lang erlebt. Als Moslem freut man sich sehr auf dieses Fest und die folgenden Tage. Weil man glaubt, dass Gott tatsächlich die Sünden vergibt, fühlt man sich in dieser Zeit wirklich rein.

Als Moslem konnte ich die Version der Bibel nicht akzeptieren. So erhob ich in der Gruppe meine Hand, um die Geschichte in der Fassung des Korans zu erzählen. Nach einigen Minuten durfte ich tatsächlich reden.

Ich machte allen klar, dass die Geschichte im Koran anders steht – und keiner widersprach mir! Alle schauten mich nur mit großen Augen an und nickten. Ich dachte, damit hätte ich sie überzeugt. Später sollte ich jedoch herausfinden, dass sie damit nur meine Meinung und meinen islamischen Glauben respektierten. Ich fand es aber großartig.

Im Konflikt mit dem Koran

Mit der Zeit konnte ich mich auch in die christliche Gedankenwelt hineinversetzen. Von Freitag zu Freitag machte ich mir Gedanken über die Zeitspanne zwischen der Entstehungszeit von Judentum, Christentum und Islam. Schließlich ist es historisch eindeutig belegt, dass der Islam erst zweieinhalbtausend Jahre nach Abraham entstanden ist.

Ich dachte viel nach über den Koran. Natürlich hatte ich dabei Angst, von meinem islamischen Glauben abzufallen. Ich hatte wirklich große Angst davor, dass Allah mich verfluchen würde, denn der Islam verbietet jegliche Beschäftigung mit anderen Religionen. Der Islam ist von den Aussagen der Bibel weit entfernt. Woher kommt diese Diskrepanz? Jeder Moslem glaubt zu wissen, nur der Koran sei das echte heilige Buch Gottes – und die Bibel sei sehr verfälscht worden.

So hörte ich jeden Freitag etwas Neues aus der Bibel, und diese Geschichten faszinierten mich mehr und mehr. Sie enthielten so viele Fakten! Die Bibel schildert die Ereignisse sehr viel genauer als der Koran. Sie benennt die Könige, Länder, Städte genau und berichtet auch Einzelheiten über die Propheten, die ich aus dem Koran kannte.

Im Gegensatz zur Bibel wurde der Koran aber in einem sehr eleganten Stil geschrieben. Deshalb ist jeder Moslem überzeugt, dass der Koran nicht von Menschen geschrieben worden, sondern durch den Engel Gabriel als Botschaft Allahs vorgetragen worden sei. Die Sprache des Korans ist tatsächlich faszinierend. Dies kann nur ermessen, wer Hocharabisch beherrscht und es mit der Umgangssprache vergleichen kann. Der Sprachstil des Korans ist eine Mischung zwischen Dichtung und Prosa und rhetorisch von hoher Qualität. Tausende von Moslems können ihn aus dem Gedächtnis rezitieren. Schon als kleine Kinder haben sie ihn in der Koranschule auswendig gelernt.

Als Zwölfjähriger konnte ich ein Drittel des Korans auswendig aufsagen und schreiben. Ich kam nicht so schnell voran, denn ich besuchte nebenher die normale Schule. Kinder auf dem Land machen in der Regel größere Fortschritte beim Lernen des Korans.

Mit der allgemeinen Schulpflicht nimmt man es in Marokko nicht so genau. Wenn überhaupt, besuchen Kinder auf dem Land nur die fünfjährige Grundschule und haben nie die Möglichkeit, sich außer dem Islam mit anderen Lehren zu befassen. Sie können nur islamisch denken. Wenn sie Glück haben, stellt sie der Staat dann als Koranschullehrer ein oder als Vorbeter in einer Moschee. Dann können sie wenigstens ihre Kinder ernähren.

Wenn nicht, betteln sie auf der Straße oder verdienen sich auf den Friedhöfen mit Koranlesungen vor den Gräbern etwas Geld. Wenn Trauernde zu einem Grab kommen, stellen sie sich dazu und lesen Koranzitate vor, das kommt recht gut an. Man meint, dass Allah sich über den Toten erbarmt, wenn andere für ihn aus dem Koran vorlesen.

Noch heute werden überall in der islamischen Welt nächtliche Rituale für längst verstorbene Angehörige vollzogen. Dazu holt man mehrere Männer, die den Koran lesen können. Den ganzen Abend bis nach Mitternacht lesen sie gemeinsam laut aus dem Koran vor, und ab und zu ehren sie den Propheten Mohammed mit Liedern. Dafür werden sie gut und manchmal sogar sehr gut bezahlt, und es gibt ausgezeichnetes Essen. Über fünfzig Jahre lang hat mein Vater auch davon gelebt, das war ein guter Nebenverdienst. Wenn die Bezahlung nach Meinung der Koranleser allerdings nicht gut genug ist, bekommen die Veranstalter ein Problem: Diese ach so frommen Menschen werden dann sehr zornig und verfluchen ihre Auftraggeber.

Manchmal kam mein Vater aber auch sehr zufrieden nach Hause. Obwohl wir schon schliefen, erzählte er uns dann mitten in der Nacht, was für ein gutes Essen es gegeben und dass man sie großzügig bezahlt habe. Schon damals fragte ich mich, wie man als frommer Mensch nur andere verfluchen könne, bloß wegen eines Gebetshonorars. Wie passte das zusammen mit dem, was ein wahrer Gott von seinem Anbeter erwartete?

Doch dies war nicht nur bei meinem Vater so. In verschiedenen Städten Marokkos habe ich Koranlehrer erlebt und bei allen dieses Verhalten gefunden. Darum erzählt man auch viele Witze über sie. Es ist sehr traurig, aber mit diesen Witzen erntet man immer Gelächter. Diese frommen Moslems können gierig sein und sehr zornig werden. Wo bleibt da die Nächstenliebe?

Mit dieser meiner Prägung und Erziehung stieß ich also zu dieser christlichen Gruppe im Gefängnis. Allmählich wurde mir bewusst, dass die Nächstenliebe der Christen ganz anders aussah als die Nächstenliebe der Moslems. Nicht nur besuchten diese Christen uns Gefangene das ganze Jahr über regelmäßig; sie strahlten auch eine echte Liebe aus. Ihre Bibelzitate berührten mich tief, denn ich sah, dass sie das lebten, was die Bibel sagte.

Hinterher tat ich jedes Mal Buße darüber aus Angst vor Allah: «Gott, Allmächtiger, der du mich und Himmel und Erde geschaffen hast! Bitte mache mir ganz klar, wer du bist, dass ich den echten und wahren Gott anbeten kann! Ich danke dir mit all meinem Sein, dem guten und dem schlechten, dass du mich geschaffen hast. Ich möchte dich erkennen. Es gibt so viele Religionen, und alle behaupten, die Wahrheit zu sein. Gott, offenbare dich mir!»

So hatte ich schon zu Hause oft gebetet. Aber jetzt, im Gefängnis, hatte ich noch viel mehr Grund – und auch Zeit – dazu. Schließlich interessierte ich mich nun ernsthaft für die Bibel und das Christentum.

Jesus, Gottes Sohn?

Wenn ich vom Bibelkreis zurückkam, fühlte ich mich jedes Mal richtig wohl. Sowohl körperlich als auch seelisch tat mir diese Zeit sehr gut. Ich ging jedes Mal erleichtert auf meine Zelle zurück und war dabei auch voller Liebe. Aber Christ war ich deswegen noch lange nicht.

Elf Monate lang hatte ich nun schon regelmäßig an der «Schwarzes Kreuz»-Gruppe teilgenommen und war immer noch Moslem. Ich hielt einfach fest an meinem Glauben, wie er im Koran wiederholt betont wird: Als Gott sei Allah darüber erhaben, einen Sohn zu haben; er sei nicht mit einem Menschen zu vergleichen. Ich hielt auch fest, dass der Prophet Mohammed von Allah vor allen Menschen und vor anderen Propheten bevorzugt sei.

Eines Tages behandelten wir das Thema «Jesus, der Sohn Gottes, und seine Wunder». Das gab mir sehr zu denken. Ich sagte mir: «Moment mal, die Wunder Jesu stehen doch auch im Koran; Jesus Christus hat Tote auferweckt, Gelähmte und Schwerkranke geheilt und so weiter. Aber der Islam entstand doch erst 600 Jahre nach dem Christentum. Die Christen aber haben Jesus hautnah erlebt. Warum also sollte nur der Koran recht haben und nicht die Bibel?»

Ich begann zu zweifeln – und entschuldigte mich bei Allah sofort dafür. Ich stellte in der Gruppe klar, Allah habe keinen Sohn und der Prophet Mohammed sei sein liebster Prophet. An diesem Tag ging ich sehr deprimiert auf meine Zelle zurück.

Damals lag ich mit einem Libanesen auf einer großen Zelle. Moussa war zwar drogenabhängig, trotzdem verstanden wir uns sehr gut und hatten viel Spaß miteinander. Nur sein Drogenhandel machte mir Angst. Kaum hatten die Beamten nachmittags die Tür aufgeschlossen, kamen schon zwei oder drei Gefangene herein und flüsterten mit ihm. Als ich bei ihm einzog, wusste ich nicht, dass er mit Drogen handelte. Ich hatte Angst, auch bestraft zu werden, wenn man bei ihm etwas finden würde.

Moussa war das alles egal, er schmunzelte immer nur, auf meine Bedenken reagierte er immer nur mit einem Lachen. Haschisch rauchte ich beinahe täglich in der Zeit mit Moussa. Aber wenn ich andere Drogen bei ihm sah, das hasste ich. Er hatte wirklich fast alle Arten von Drogen, die ich jemals zu Gesicht bekommen habe: Drogen zum Spritzen, Tabletten zum Schlucken und auch Kokain. Und all das im Gefängnis, wie konnte das nur sein?

Als Libanese war Moussa auch Araber, aber er hatte eine ganz andere Einstellung als Ali. Moussa erklärte mir oft, dass er im Libanon sowohl mit Christen als auch mit Moslems zusammengelebt habe. Er behauptete zwar, an gar keinen Gott zu glauben, andererseits aber sagte ihm der christliche Glaube mehr zu als der islamische. Zur Begründung sagte er einfach, dass die Christen eindeutig friedlicher und harmonischer zusammenlebten als die Moslems. Das konnte ich natürlich nicht auf uns Moslems sitzenlassen.

Nach diesem Thema «Jesus, der Sohn Gottes» kam ich zu Moussa in die Zelle zurück. Es war schon kurz vor Mitternacht, und wir mussten schlafen. In dieser Nacht hatte ich einen seltsamen Traum: Unter der Zellendecke schwebte ein Baby vor mir. Langsam kam es zu mir in mein Bett herunter, legte die Arme um mich und lächelte mich an. Ich dachte zuerst, dieses Baby käme von Außerirdischen, die in meiner Zelle gelandet seien.

Zitternd stand ich im Traum auf und rief Moussa im anderen Bett, um ihm das Baby zu übergeben. Doch Moussa reagierte nicht, wahrscheinlich stand er wieder einmal unter Drogeneinfluss. So setzte ich das Baby kurzerhand auf ihn und ging schnell in mein Bett zurück. Das kleine Kind schaute mich entsetzt an und fiel beinahe vom Bett. Wenn es herunterfiele, würden seine außerirdischen Eltern mich sicher bestrafen. Deshalb und weil es mich wie ein Erwachsener konfrontierend anblickte, stand ich sofort auf, nahm es auf den Arm und legte mich wieder auf mein Bett. Augenblicklich lächelte es mich an und verschwand – und die Erde bebte.

Ich sprang wieder aus dem Bett und schrie: «Moussa, Moussa, Moussa, steh auf!» Ich stand zwischen dem großen Schreibtisch und Moussas Bett.

Der schrie mich an: «Raschid, was ist los, du träumst doch nur!» Er setzte sich auf, während das Erdbeben weiterging; doch das konnte nur ich wahrnehmen.

Endlich war es wieder still. Mir war klar, dass ich nur geträumt hatte. Doch noch beim Aufwachen bebte die ganze Zelle unter meinen Füßen.

Moussa lachte sich halb tot über mich. Ich erklärte ihm, das Baby im Traum könne nur Jesus sein. Damit wolle Jesus mir zeigen, dass er tatsächlich als kleines Kind von dem lebendigen Schöpfer auf die Erde geschickt worden war, um die Menschen zu erlösen. Jesus wolle mir klarmachen, ich müsste mir keine Sorgen machen, wenn ich ihn als Erlöser aufnähme. Der wahre Gott, der alle Menschen geschaffen hat, würde mich dann nicht bestrafen. – Von da an waren meine Gefühle und mein Glaube stärker als zuvor Jesus Christus und dem christlichen Glauben zugeneigt.

Doch immer noch hatte ich großen Respekt vor Allah und dem Koran. Deshalb ließ ich Vorsicht walten, wenn ich mich weiterhin für die Bibel interessierte und für Jesus Christus, den angeblichen Sohn Gottes. Gleichzeitig begann ich, mich freitags in der Schwarzkreuz-Gruppe den Mitarbeitern gegenüber zu öffnen.

Zunächst hatte ich sie ja für Mitarbeiter des Landgerichts gehalten und ihnen nicht vertraut. Erst nach einiger Zeit begriff ich, dass sie wirklich einfach nur Christen waren. Aber auch als Christen konnte ich als Moslem sie nicht wirklich akzeptieren. Also begann ich eben, sie nur als gute Menschen zu betrachten – und immer wieder schwor ich mir: Niemals würde ich den Islam verlassen. Und schon gar nicht würde ich zum Christentum konvertieren.

Wolfgang

Eines Freitags war ich als einer der Ersten im Raum und wartete auf die Christen. Endlich kamen sie. Einer von ihnen bemerkte den Unterschied bei der Begrüßung: Dieses Mal freute ich mich wirklich. So begann er ein Gespräch mit mir, stellte sich vor und wollte mehr über mich erfahren. Wolfgang Leng arbeitete als Ingenieur bei der Dekra und war ehrenamtlicher Mitarbeiter der Gefangenenmission des Schwarzen Kreuzes. Er erklärte mir, er sei verheiratet mit Michaela und habe drei Kinder. Für meine marokkanischen Begriffe war er erfolgreich und gutaussehend.

Nun fragte er mich, ob es mir gut ginge. Wie bei einem kleinen Kind flossen plötzlich Tränen aus meinen Augen. Sollte ich als bereits Verurteilter ihm wirklich erklären, dass ich unschuldig war? Ich nahm meinen Mut zusammen und erzählte ihm von meinem Fall. Wolfgang nahm mich in die Arme und fing an, für mich zu beten. Danach fragte er mich, ob ich ab und zu Besuch von draußen bekäme.

«Nun ja», erwiderte ich, «der, dessentwegen ich hier bin.» Über diesen Besuch konnte ich mich natürlich nicht freuen.

Dann fragte Wolfgang, ob es mir recht wäre, wenn er mich als Betreuer regelmäßig besuchen würde. Ich stimmte sofort zu. Wolfgang schlug mir vor, beim Stockwerksbeamten einen entsprechenden Antrag zu stellen. Dieser Mann und alle seine christlichen Kollegen sind ein großer Segen Gottes für die Welt! Ich stellte den Antrag, und er wurde genehmigt. Schon nach wenigen Tagen wurde ich schriftlich benachrichtigt, dass ich am nächsten Dienstag Besuch bekäme – von meinem Betreuer Wolfgang.

Bei seinem ersten Besuch erzählte ich alles ausführlich, sowohl über mich persönlich als auch über meinen Fall: Zwei Jahre lang war ich mit Sonja befreundet gewesen – mehr noch: Wir liebten uns sehr und hatten eine gemeinsame Wohnung. Ihre Eltern mochten mich, und das beruhte auf Gegenseitigkeit. Sonja begleitete mich auch nach Marokko, wo ich sie meinen Eltern und der ganzen Familie vorstellen konnte. Es war uns beiden wirklich ernst, wir wollten heiraten und eine Familie gründen.

Bis zum Dezember 1989. Eines Tages sah ich Sonja mit einigen ihrer Freundinnen in einem Lokal sitzen, und neben ihr saß ein junger Mann, den ich nicht kannte. Seine Hand lag auf ihrem Oberschenkel, und offensichtlich hatte keiner etwas dagegen. Was war das? Ich ging auf Sonja zu. Das war ihr sehr unangenehm. Sie warf mir vor, ich würde sie ausspionieren. Sie sei mit diesem Mann überhaupt nicht befreundet. Und dann nannte sie mich zum ersten Mal in den zwei Jahren unserer Beziehung «A...loch»!

Jetzt war das Maß endgültig voll, und ich tat, was ich nie zuvor getan hatte: Ich wurde handgreiflich. Meine Ohrfeige war für Sonja buchstäblich umwerfend. Daraufhin verließ ich das Lokal.

Oh, oh, was hatte ich da getan! Es tat mir sofort wieder leid, dass ich Sonja geschlagen hatte. Ich hatte es immer verabscheut, einer Frau gegenüber gewalttätig zu sein. Und doch war ich sehr vom islamischen Denken geprägt. Sich von einem anderen Mann so berühren zu lassen, und dann auch noch in der Öffentlichkeit, das war beinahe das Schlimmste, was sie mir antun konnte. Sonja gehörte doch *mir!* Ich war äußerst eifersüchtig wegen ihres Verhaltens – und dazu kam dann noch dieses entwürdigende Wort!

Am späten Abend sprachen wir zu Hause in Ruhe darüber

und einfach über alles. Immerhin hatten wir zwei Jahre lang harmonisch zusammengelebt und einander vertraut. Sonja versuchte, mich zu beruhigen: Sie *hätte* keinen anderen Freund, und es gäbe *keinerlei* Grund zur Eifersucht. Ich bat sie um Verzeihung wegen der Ohrfeige, und sie nahm meine Entschuldigung auch an.

Ich traute dem Frieden noch nicht wirklich, jedenfalls waren meine Gefühle noch nicht wieder im grünen Bereich. Aber Sonja bot all ihre Zärtlichkeit auf, und schließlich schliefen wir miteinander wie so oft zuvor. Warum habe ich es damit nicht einfach gut sein lassen? Es war eigentlich dumm von mir, aber ich wollte es genau wissen und fragte Sonja anschließend nochmals, ob es ihr wirklich nicht ernst sei mit diesem Typen im Lokal.

Oh, damit stach ich in ein Wespennest. Ich hätte nie gedacht, dass Sonja so ausfällig werden könnte. Nun, man hat ja auch seinen Stolz. Also verkündete ich ihr, ich würde gehen und sie würde mich nie wiedersehen.

Später erzählte mir Sonja, sie habe dann ihre beste Freundin angerufen und ihr alles erzählt. Jasmin empfahl ihr, mich anzuzeigen – wegen Vergewaltigung. Das tat sie dann auch, und kurze Zeit später wurde ich auf der Straße verhaftet, was ich überhaupt nicht verstehen konnte.

Sonja hatte Beweismaterial, und das Gericht glaubte den Spuren unseres Zusammenkommens und Sonjas Beschuldigung mehr als meiner Darstellung der Dinge. Selbst in meiner schweren Kindheit und unter der manchmal sehr grausamen Bestrafung durch meinen Vater, auch in den Stunden und Tagen nach der Verhaftung, hatte ich noch nie so geweint, ja geheult wie während der Verhandlung. Ich bekam wie gesagt zwei Jahre und neun Monate.

Nach der Verurteilung kam Sonja mehrmals, um mich zu besuchen. Sie erklärte mir, Jasmin hätte gesagt, es wäre das Beste für uns beide, wenn ich verurteilt und abgeschoben würde. Sonst wäre sie nach meiner Entlassung in ständiger Gefahr. Es täte ihr ja sehr leid um mich, aber das sei die einzige Möglichkeit. Ich hätte in Marokko ja eine große Familie, und mit meiner Sprachbegabung wäre es für mich sicher kein Problem, dort Arbeit zu finden. Beim dritten Mal wurde es mir zu bunt, und ich erteilte Sonja Besuchsverbot.

Liebe Sonja, falls du dieses Buch liest, ich möchte dich wissen lassen: Ich habe dir vergeben, was du mir angetan hast. Du hast von mir nichts zu befürchten. Es ist vorbei, und Gott hat Gutes daraus gemacht. Dafür danke ich ihm. – Aber nun zurück ins Gefängnis.

Nach fast einem Jahr kam mein ganzer Jammer wieder hoch, und ich konnte nicht aufhören zu weinen.

Wolfgang sagte immer wieder: «Jesus sieht und kennt alles. Komm, wir beten!» Das war alles.

Er betete mit mir, und ich öffnete mein Herz dabei. Ich nahm Wolfgangs Gebete sehr ernst. Ich wusste ja, dass es nur *einen* Gott gibt. Die zwei Stunden vergingen wie im Flug, und Wolfgang musste wieder gehen. Zum Abschied versprach er mir, mich jeden Dienstag zu besuchen. Darüber freute ich mich sehr! Es tat mir richtig gut, zu wissen, dass ich nun öfter zur Besuchsabteilung gerufen werden würde. Auch meine Freunde freuten sich darüber.

Überhaupt waren Wolfgangs erster Besuch und sein Gebet für mich eine wahre Wohltat. Ich erzählte meinen drei guten Freunden, dem Polizisten, dem Schweizer Geschäftsmann Bruno und meinem besten Freund Jörg davon, und alle drei fanden es klasse, dass ich nun einen christlichen Betreuer hatte. Ich merkte aber auch sehr wohl, dass sie mich für ziemlich naiv hielten. Dabei erwartete ich gar nicht, dass Wolfgang mir helfen könnte, die Strafe nicht absitzen zu müssen.

Ich lud meine drei Freunde zu der Freitagsgruppe ein, aber sie hatten kein Interesse. Sie brannten nur darauf, ihre Zukunft wieder selbst in die Hand zu nehmen. Sie schmiedeten große Pläne: Sie wollten nicht einfach ein normales Leben führen, sondern richtig reich sein. Man könnte auch sagen, sie waren geldgierig. Ihre Diskussionen drehten sich eigentlich nur um Geld und Reichtum. Das interessierte mich nicht wirklich; nur aus Höflichkeit nickte ich dann und wann mit dem Kopf. Trotzdem wollte ich gerne in diesem Freundeskreis bleiben, denn Jörg, Ralf und Bruno ermutigten mich immer wieder.

Meine Bibel

Nach einiger Zeit bekam ich Briefe von Michaela, Wolfgangs Frau. Die beiden nahmen mich und meine Situation ernst. In ihrem Brief fand ich viel Trost, guten Rat und Bibelstellen, die ich gerne in meiner Bibel im Zusammenhang nachlas. Wolfgang hatte mir nämlich eine nagelneue Bibel geschenkt – ich durfte sogar die Sprache auswählen. Vom evangelischen Gefängnispfarrer hatte ich schon eine Luther-Bibel erhalten, befürchtete aber, nicht alles verstehen zu können.

Ich beherrschte die deutsche Sprache zwar in Wort und Schrift, aber dieses heilige Buch einer sehr alten Religion, so dachte ich, sei sicher in einer sehr komplizierten Sprache geschrieben, die ich vielleicht nicht immer verstehen könnte. Deshalb entschied ich mich für eine französische Bibel. So könnte ich schwierige Stellen mit der französischen Übersetzung vergleichen, dachte ich. Später erst erfuhr ich, dass es viele verschiedene deutsche Bibelübersetzungen gibt, die in unterschiedlichen Sprachstilen trotzdem denselben Inhalt wiedergeben. Manche von ihnen sind sehr leicht verständlich.

Pfarrer Walter, so will ich ihn hier nennen, hatte ich durch die Gottesdienste in der Kirche der Vollzugsanstalt kennengelernt. Zunächst war ich nur hingegangen, um am Sonntag etwas Abwechslung zu haben. Doch mit der Zeit begann ich, seine Predigten ernst zu nehmen. Dieser Pfarrer strahlte Ruhe und viel Liebe aus, ganz anders als der katholische. Ich spürte: Das war ein Mann Gottes, und er lebte, was er sagte. Oft flossen bei ihm Tränen des Mitleids mit dem einen oder anderen Gefangenen. Man spürte ihm ab, dass er ein echt gläubiger Mann war und uns Gefangene nicht verurteilte.

An Menschen wie Pfarrer Walter und den Mitarbeitern des Bibelgesprächskreises konnte ich sehen, dass der christliche Glaube mehr ist als das, was der Islam über ihn behauptet, beansprucht der Islam doch, die einzig wahre Religion zu sein und direkt von Gott zu kommen. Nun erlebte ich bei diesen wahren Christen echte Liebe und Mitmenschlichkeit. Auf diesem Hintergrund wurde mir nach und nach bewusst, dass das nicht wahr ist, was Moslems im Allgemeinen über andere Religionen sagen.

Der Islam und die Bibel

Wenn man mit einem Moslem über den Glauben spricht, versucht er immer klarzumachen, alles Gute und Reine stamme aus dem Islam, alles Gute käme aus dem Leben des Propheten Mohammed und sei im Koran zu finden. Gerade so, als hätte der Islam das Monopol auf alles Gute. Inzwischen sehe ich, wie eng und fanatisch diese Überzeugung ist.

Ich begann also, selbst in der Bibel zu lesen, und machte eine interessante Entdeckung: Der Koran basiert gewissermaßen auf der Bibel! Zahlreiche Aussagen des Korans und viele Mohammed-Zitate waren schon seit Jahrhunderten oder gar Jahrtausenden in der Bibel zu finden. Ein Beispiel ist der «Zehnte». Im Islam gibt es das Aschura-Fest, das Fest des Zehnten-Gebens. Das ist eigentlich nichts Verkehrtes, allerdings hat nicht Mohammed dies erfunden. In 3. Mose 27,

Vers 30, also in der jüdischen Heiligen Schrift und im Alten Testament der Christen, ist schon festgelegt: «Ein Zehntel jeder Ernte vom Getreide und von allen Früchten gehört mir, dem Herrn, und ist heilig.» Und in Sprüche 3, Vers 9 und 10 steht: «Ehre den Herrn mit deinen Opfergaben: Schenke ihm das Beste deiner Ernte. Dann wird er deine Vorratskammern füllen und deine Weinfässer überfließen lassen.»

Leider stößt man mit diesen Tatsachen bei Moslems auf taube Ohren. Sie behaupten, allein der Koran sei das unverfälscht gebliebene Wort Gottes und auf die Echtheit der Bibel könne man sich nicht verlassen, die Bibel sei verfälscht worden, die Bibel sei zugunsten der Juden und Christen sehr verändert und verdreht worden.

Vor einigen Jahren während des Aschura-Festes erklärte ich meiner Familie in einem Telefongespräch, dieses Fest beruhe nicht wirklich auf dem Propheten Mohammed oder auf dem Koran. Im christlichen Glauben hätte man schon sehr viel früher den Zehnten gegeben. Mein zweitältester Bruder wurde zornig und schrie mich an, dies dürfe ich nicht behaupten. Alles Gute und Vollkommene käme nur von Allah und dem Koran und aus dem Leben des Propheten Mohammed, und andere Religionen außerhalb des Islams seien minderwertig. Der Islam sei das Feinste vom Feinen unter allen Weltreligionen.

Nur Gott kann einen Menschen überzeugen. Zu diskutieren und zu argumentieren führt hier nicht weiter. Es ist schwer für einen Moslem, sich mit einer anderen Lehre als dem Islam abzugeben. Er kann gar nicht anders denken, der Islam verbietet das streng. Das ist brutal und unmenschlich, und ich kann mir nicht vorstellen, dass der allmächtige Gott so etwas von einem Menschen erwartet.

Ich kann das so sagen, denn ich wurde ja selbst in einem streng islamischen Elternhaus erzogen, in dem jede andere

Religion absolut tabu war. Nie hätte ich mir träumen lassen, dass ich eines Tages Christ werden würde! Gott wusste das offensichtlich, deshalb offenbarte er sich mir in vielen Situationen persönlich und gab mir selbst die Antworten auf viele meiner Fragen, die ich aus dem Mund von Christen nicht hätte annehmen können.

Dritter Teil

Die Wende

Wieder war es Dienstag geworden. Ich saß mit Wolfgang zusammen im Besuchsraum. Ich erzählte ihm meinen Traum von dem Baby, und beide waren wir überzeugt: Das war eine klare Offenbarung von Gott. Gott hatte seinen geliebten Sohn in die Welt gesandt und geopfert, damit jeder, der an ihn glaubt, von dem ewigen Gott angenommen würde und ewiges Leben haben sollte. So steht es tatsächlich in der Bibel, in Johannes 3, Vers 16. Wolfgang hatte seine Bibel immer dabei. Er schlug sie auf und las mir vor: «Denn Gott hat die Menschen so sehr geliebt, dass er seinen einzigen Sohn für sie hergab. Jeder, der an ihn glaubt, wird nicht zugrunde gehen, sondern das ewige Leben haben.»

Bei diesen Worten geschah etwas in mir. Von diesem Moment an hatte ich keine Angst mehr, von Allah verflucht zu werden, wenn ich an den Sohn Gottes, Jesus Christus, glaubte. Ich nahm meinen Mut zusammen und erklärte Wolfgang, ich sei nun bereit, Jesus Christus als meinen Erlöser aufzunehmen.

Wolfgang begann zu strahlen und erwiderte mit Tränen in den Augen: «Komm, lass uns beten!»

Zunächst dankte er dem gnädigen Gott Vater, seinem Sohn Jesus Christus und dem Heiligen Geist Gottes. Dann schlug er mir vor, Satz für Satz nachzubeten, was er mir vorsagen würde: «Gott, du Vater Jesu Christi, wie jeder Mensch bin ich in deinen Augen ein Sünder. Aber ich glaube jetzt an dich, Gott Vater, an deinen Sohn Jesus und an deinen Heiligen Geist, und deshalb hast du mir nun meine Sünden vergeben.»

So weit konnte ich von ganzem Herzen beten. Aber dann kam ein Satz: «Herr, ich vergebe allen meinen Feinden, die mir irgendwann während meines Lebens Böses angetan haben.»

Nein, das konnte wohl nicht wahr sein! Ich spürte Zorn und Verzweiflung in mir aufkommen. Ich verlor die Fassung und begann zu weinen.

Doch Wolfgang erklärte mir: «Sieh, Raschid, in der Bibel steht es ganz deutlich: Jesus hat die Menschen aufgerufen, allen zu vergeben, die ihnen Unrecht tun. Jesus hat seine Jünger gelehrt, wie sie beten sollten. In Matthäus 6, Vers 12 steht: ‹Vergib uns unsere Schuld, wie wir denen vergeben, die uns Unrecht getan haben.›

In Kolosser 3, Vers 13 steht: ‹Ertragt einander, und seid bereit, einander zu vergeben, selbst wenn ihr glaubt, im Recht zu sein. Denn auch Christus hat euch vergeben.›

Außerdem steht in Psalm 103, Vers 2 und 3: ‹Ich will den Herrn loben und nie vergessen, wie viel Gutes er mir getan hat. Ja, er vergibt mir meine ganze Schuld und heilt mich von allen Krankheiten!› Wenn Gott alles wiedergutmacht, was Menschen dir Böses getan haben, brauchst du dich auch gar nicht mehr zu rächen.»

Wie in einem Zeitraffer-Film schossen mir nun die Situationen durch den Kopf, in denen ich von verschiedenen Menschen ungerecht behandelt worden war. Nun, denen konnte ich schon vergeben. Aber *diese eine Person*, die mich unschuldig ins Gefängnis gebracht hat? Nein, *der* nicht! Wolfgang wusste wohl, wen ich meinte – aber er gab nicht nach. Trotz allem müsse ich *auch diesem Menschen* vergeben, wie es Jesus von jedem erwartet, der an ihn glaubt. Jesus sei der Vertreter Gottes auf Erden, und ich müsse ihm gehorchen, wenn ich an ihn glaube.

Ich atmete tief durch, und nach einigem Nachdenken beschloss ich, es eben für Gott zu tun und auch diesem Menschen zu vergeben. Schließlich hatte ja auch ich selbst Gott am laufenden Band enttäuscht, hatte immer wieder auch andere Menschen betrogen oder schlecht behandelt. So erklärte ich mich im Gebet bereit, sogar dieser Person von ganzem Herzen zu vergeben.

Von da an änderte sich wieder etwas in mir: Gott gab mir die Fähigkeit und auch den Willen zu vergeben. Vergebung ist weltweit ein wichtiges, schweres Thema, zwischen Menschen, Familien, Stämmen und ganzen Völkern. Es ist wirklich nicht leicht, den Wunsch nach Rache aufzugeben und zu vergeben. Doch wenn Gott einem Menschen hilft, die Zusammenhänge der Vergebung zu erkennen, dann fällt Vergebung leicht.

Als ich Jesus Christus in mein Leben aufnahm, half mir der lebendige Gott, nicht nur die Vergebung meiner Sünden anzunehmen, sondern auch anderen Menschen zu vergeben. Von diesem Tag an änderten sich meine Denkweise und mein Verhalten: Weder gegenüber anderen Gefangenen noch den Beamten in der Justizvollzugsanstalt oder der deutschen Justiz im Allgemeinen spürte ich nun noch irgendwelchen Hass. Ich wurde friedlich und nachsichtiger.

Die drei Tage bis zum Bibelkreis und vor allem die drei Nächte waren äußerst angenehm: Ich konnte sogar richtig gut schlafen. Auf Wolfgangs Frage, wie es mir seit Dienstag ergangen sei, spürte ich in mir nur Zufriedenheit.

Ob ich mich nicht taufen lassen wolle?

Ja, das wollte ich, ich wollte einfach Gott gehorchen. So vereinbarte Wolfgang mit Pfarrer Walter einen Termin, die Taufe sollte an einem Sonntag stattfinden, direkt nach dem Gottesdienst. Darauf freute ich mich sehr.

Meine Taufe

Eine Woche vor der Taufe beantragte ich eine Einzelzelle. Mit dem Libanesen wollte ich nicht mehr länger zusammen sein. Gott sei Dank wurde mein Wunsch sofort erfüllt. Nun hatte ich Ruhe, ich konnte beten und intensiv in der Bibel lesen. Ich nahm den Glauben an Jesus Christus sehr ernst. Ich hätte nie gedacht, dass ich einmal so gläubig sein würde!

In der Nacht vor meiner Taufe konnte ich kaum schlafen. Mein Herz brannte für Jesus, und ich wollte meine Liebe in einem Lobgedicht für Jesus zum Ausdruck bringen. Es wurde zwei Seiten lang; die Worte kamen mir durch den Heiligen Geist in den Sinn. Nach der Taufe las ich dieses Gedicht als Zeichen meiner Liebe zu Jesus Christus im kleinen Kreis vor (leider habe ich es nicht mehr). Außer den anwesenden Mitarbeitern des Bibelkreises und dem Pfarrer bekam sogar Jörg nasse Augen, der mit dem Glauben doch gar nichts am Hut hatte.

Während der Taufe selbst erlebte ich einen herrlichen Moment der Gnade, Erlösung und Zufriedenheit. Alle Anwesenden wurden in diesen Augenblicken von Gottes Liebe berührt und gaben diese auch an mich weiter.

Von da an wurde meine Beziehung zu Gott noch enger. Ich fühlte mich auch nicht mehr als Gefangener. Das muss man wirklich erleben: hinter Gittern sein und sich trotzdem frei fühlen! Nun, deshalb müssen Sie sich jetzt nicht strafbar machen und im Gefängnis landen und das selbst ausprobieren, nein. Aber Gott kann wirklich frei machen, wenn man ihm vertraut. Selbst im Gefängnis fühlte ich mich jetzt sehr frei, vielleicht noch freier als viele Menschen draußen. Viele Menschen sind innerlich gefangen, obwohl sie nicht in einem Gefängnis sitzen.

Heute ist es mir nicht mehr peinlich, dass ich im Gefängnis war. Es tut mir zwar sehr leid, dass ich schon eine Haftstrafe verbüßt habe. Andererseits weiß ich nun: Mein Gefangenendasein war für mich nicht nur blindes Schicksal, sondern Gottes guter Plan für mein Leben, denn dort habe ich den wahren Gott kennengelernt, unseren Schöpfer. Deshalb schäme ich mich jetzt nicht mehr, im Gefängnis gewesen zu sein.

Nach meiner Entlassung sagten mir viele Christen sogar, ich solle *dankbar* sein, dass ich ins Gefängnis gekommen sei, sonst hätte ich Jesus nicht kennengelernt. Das fand ich anfangs unzumutbar. Aber heute bin ich tatsächlich froh darüber und Gott sehr dankbar auch für diese schwere Erfahrung.

In der Bibel lesen wir, dass Jesus den streng religiösen Gelehrten gesagt hat, die eine beim Ehebruch ertappte Frau steinigen wollten (Johannes 8, Vers 2 bis 11, besonders Vers 7): «Wer von euch noch nie gesündigt hat, soll den ersten Stein auf sie werfen!» In Jesaja 43, Vers 25 sagt Gott: «Ich denke nicht mehr an deine Verfehlungen – weil ich es so will!» Das steht in der Gute-Nachricht-Bibel. Und die «Hoffnung für alle»-Bibel schreibt hier: «Ich werde alles Böse für immer vergessen.» Halleluja! Es interessiert mich nicht im Geringsten, was Menschen über mich denken. – Aber nun zurück zu meiner Taufe im Gefängnis.

Jetzt wusste Jörg also, von wem ich ihm immer erzählt hatte. Über die Mitarbeiter des Schwarzen Kreuzes war er des Lobes voll, sie seien tatsächlich sehr vernünftige und nette Menschen und spielten sich nicht nur fromm auf, sondern lebten, was sie sagten. Es beeindruckte ihn wirklich, dass sie sogar ihre Ehefrauen ins Gefängnis mitnahmen und mich regelmäßig besuchten, obwohl sie mich Ausländer ja gar nicht kannten.

Das hörte sich gut an, und ich wagte einen neuen Versuch: «Willst du nicht auch freitags zum Bibelkreis kommen und es mit Gott versuchen?» Das war zu viel. Das hielt Jörg nicht für notwendig: Für mich wäre es ja schon in Ordnung, ich könne das gut gebrauchen, aber für ihn sei das nichts.

Das machte mich traurig. Ich machte mir Sorgen, dass er nach der Entlassung wieder krumme Wege gehen würde. Doch dies tat unserer Freundschaft keinen Abbruch, wir verbrachten auch weiterhin viel Zeit miteinander.

Weihnachten mit Jesus

Dezember 1991. Der Monat eines der christlichen Hauptfeste, Heiligabend und Weihnachten. Dieses Fest kannte ich nicht. Ob er mir ein Weihnachtspaket schicken dürfe, fragte Wolfgang. Ging das denn überhaupt? Durfte ich im Gefängnis von draußen Geschenke bekommen? Dürfen oder nicht dürfen, natürlich wollte ich gerne ein Geschenk haben! Am 23. Dezember kam das Paket tatsächlich, und es war voller Süßigkeiten und Leckereien. Dies hatte ich im Gefängnis schmerzlich vermisst. Danke, Wolfgang!

An Heiligabend bekamen wir eine besondere kleine Freiheit: Jeder durfte wählen, mit wem er den Abend verbringen und sogar wo er übernachten wollte. Ich war wohl sehr beliebt und erhielt viele Einladungen von Deutschen, Arabern, Italienern und sogar einem Landsmann. Ich bedankte mich für jede Einladung, aber eigentlich wollte ich diesen Abend alleine verbringen. Das konnte keiner verstehen, auch der Stockwerksbeamte fragte mich nach dem Grund. Zweimal öffnete er meine Zellentür – draußen standen Gefangene und fragten, ob ich nicht doch zu ihnen kommen wolle. Ich forderte den Beamten auf, die Tür abzuschließen, und hatte endlich Ruhe.

Den Heiligen Abend wollte ich unbedingt mit einem ganz besonderen Freund und Gast in meiner Zelle verbringen – alleine mit Jesus Christus und ganz nah bei ihm. So räumte ich zuerst meinen Schreibtisch auf, der mir auch als Esstisch diente. Ich freute mich sehr darauf. Aber ich bin sicher, das war nicht nur meine eigene Idee, sondern Gott hatte durch seinen Heiligen Geist zu mir gesprochen und mir seinen Willen mitgeteilt. Jeder Mensch kennt sich selbst am besten, und ich weiß genau, dass ich von Natur aus kein frommer Mensch bin. Doch an jenem Abend spürte ich einen großen Drang, mich meinem Herrn Jesus Christus völlig auszuliefern und ihn ungestört anzubeten.

So baute ich die Süßigkeiten und Leckereien von Wolfgang auf dem Tisch auf und teilte sie mit Jesus. Voller Freude lud ich ihn zunächst im Gebet ein – ich sprach so mit ihm, als säße er mir am Tisch gegenüber. Dann las ich eine Reihe Psalmen und betete zwischendurch immer wieder mit meinen eigenen Worten.

Ich dankte dem Herrn dafür, dass er mich geliebt hatte, bevor ich ihn überhaupt in mein Herz aufnahm. Ich dankte ihm, dass er mir alle meine Sünden vergeben hat und dass er mir die Mitarbeiter des Schwarzen Kreuzes ins Gefängnis geschickt hatte, durch die ich dann selbst Christ wurde.

Anschließend teilte ich mein Weihnachtspaket mit ihm. Irgendwann bemerkte ich, es war inzwischen schon fast Mitternacht, dass ich den ganzen Abend noch keine einzige Zigarette geraucht hatte. Normalerweise hätte ich in dieser Zeit schon eine Handvoll Zigaretten geraucht. Sollte ich? Nein, aus Respekt vor dem Herrn wollte ich auch für den Rest des Abends darauf verzichten.

Es wurde Mitternacht. Ich war müde und ging zu Bett. Nach vielleicht zehn Minuten kamen mir ganz andere Gedanken: *In Wirklichkeit bin ich doch alleine und ein Gefangener, und Jesus ist gar nicht da. Er lässt mich alleine.* Was war das? Nein, diese Gedanken wollte ich nicht denken! Ich stand auf und betete gegen diese Gedanken und gegen den Teufel, von dem sie stammten. Und jetzt eine Zigarette! Wo war nur das Feuerzeug?

Aber was war denn das? Diese Postkarte hatte ich noch gar nicht gesehen! Wo kam die denn jetzt auf einmal her? Ich zündete die Zigarette an und las: «‹Fürchte dich nicht, ich stehe dir bei! Hab keine Angst, ich bin dein Gott! Ich mache dich stark, ich helfe dir, ich schütze dich mit meiner siegreichen Hand!› – Jesaja 41,10.»

Unglaublich, aber wahr: Ich hatte keine Ahnung, wo diese Postkarte herkam. Da las ich: «Liebe Grüße und frohe Weihnachten, Ursula»!

Ursula wohnte damals schon in Basel und fuhr jeden Freitag die siebzig Kilometer nach Freiburg zum Bibelkreis. Aber wie kam nur diese Karte in meine Zelle? Vielleicht hatte einer meiner Kollegen sie mir in die Zelle gelegt. Jedenfalls konnte das kein Zufall sein. Sicher wollte Gott mich damit überraschen und mir seine Freude zeigen über den Abend, den ich mit ihm verbracht hatte. Ja, Gott kann überall sein, und er ist jedem nahe, der ihn anruft. Ihm sei alle Ehre!

«Danke, Herr, für dein Wort! Danke auch für Schwester Ursula, die mir diese Weihnachtskarte geschickt hat. Bitte segne sie!» Nun ging es mir schon ein wenig besser. Aber warum nur stieg ich auf den Heizkörper? Ich schaute durch die Gitterstäbe vor meinem Fenster und dachte an die vielen Menschen da draußen, die jetzt gemeinsam gemütlich Heiligabend gefeiert und Geschenke ausgetauscht hatten. Und ich, der arme Raschid ...

Nein! Ich wollte jetzt nicht jammern. Das waren keine Gedanken von Gott! Gott hatte mir Freiheit geschenkt, mitten im Gefängnis. Ich hatte einen schönen Abend ganz alleine mit Jesus verbracht. Mit diesen Gedanken des Selbstmitleids wollte ich nichts mehr zu tun haben und ebenso wenig mit Satan, von dem sie kamen. So gebot ich ihm im Gebet, von mir zu weichen, und schlief – Gott sei Dank! – bald fest ein.

Der echte, wahre Gott

Bei der nächsten Gelegenheit erzählte ich Wolfgang, wie ich mit Jesus Weihnachten gefeiert hatte und von meinem Erlebnis in der Nacht. Wolfgang freute sich sehr und bestätigte, ich hätte richtig reagiert: Jedes Mal, wenn Satan mir mit schlechten Gedanken käme, solle ich ihn im Namen Jesu Christi abweisen. Ich habe wirklich viel von Wolfgang gelernt, später werde ich davon noch mehr berichten.

Nachdem ich auch Schwester Ursula für ihren lieben Weihnachtsgruß gedankt hatte, erzählte ich der ganzen Gruppe von meinem schönen Weihnachtsabend mit Jesus und von meinem besonderen Erlebnis in der Nacht. Viele Teilnehmer schauten mich mit großen Augen an. Das konnten sie nun wirklich nicht verstehen.

Nicht jeder von ihnen glaubte von Herzen an Jesus Christus. Der Bibelkreis war offen für jeden, der sich irgendwie für den christlichen Glauben interessierte. Das ist wirklich ein Geschenk Gottes, dass es in Deutschland möglich ist, im Gefängnis Bibelkreise zu halten. Tausende Gefangene in aller Welt können davon nur träumen. Allerdings gibt es diese Möglichkeit auch in vielen anderen Ländern, aber leider wird nicht in jedem Gefängnis ein Bibelkreis angeboten.

Wie ich lernen durch diese Arbeit viele Gefangene Jesus Christus als ihren Herrn und Retter kennen. Nach der Entlassung können sie dann wirklich ein neues Leben beginnen und sind nicht mehr ihrer Vergangenheit verhaftet. Nun, es kommt auch vor, dass Christen rückfällig werden, aber Gott sieht in die Herzen und hilft ihnen wieder zurecht. Das habe ich persönlich erlebt, oder ich konnte es an anderen (schon lange entlassenen) Menschen sehen. Ich habe die Erfahrung gemacht, dass es nach der Entlassung sehr wichtig ist, mit anderen Gläubigen Gemeinschaft zu haben und, das ist noch wichtiger, in ständiger, enger Beziehung mit dem Herrn zu leben.

«Sucht den Herrn, solange er sich finden lässt! Betet zu ihm, solange er euch nahe ist!» (Jesaja 55, Vers 6).

«Kommt zu mir, und lasst euch retten, ihr Menschen aus den fernsten Ländern der Erde! Denn ich bin der einzige Gott» (Jesaja 45, Vers 22).

«Wenn ihr dagegen in enger Verbindung mit dem Herrn lebt, werdet ihr mit ihm eins sein durch seinen Geist» (1. Korinther 6, Vers 17).

«Und lasst euch durch nichts vom Gebet abbringen» (Römer 12, Vers 12).

So hatte ich wirklich ein neues Leben begonnen. Vieles war anders und neu geworden, und ich spürte, dass Gott mich segnete. Ich liebte Gott und konnte jetzt auch mich selbst akzeptieren. Bis dahin hatte ich mich selbst manchmal gehasst. Sogar meine Mitmenschen begann ich zu mögen – auch die, die ich vorher nicht wirklich riechen konnte.

Dies alles bewirkte Gott in mir. Die Veränderungen kamen teilweise wie von selbst, zum Teil aber auch deshalb, weil ich mich entschieden hatte, Gott in allem zu gehorchen. Es tut einfach gut, eine Beziehung zu Gott zu haben. Das erfährt jeder, der an Gott glaubt, ihn anbetet und ihm vertraut.

Aber wer ist der echte, wahre Gott? Heute sage ich: Jesus Christus, der als Mensch auf die Erde kam, der durch den Heiligen Geist in Maria gezeugt worden war, und sein Vater, der Schöpfer des Himmels und der Erde. Das ist die Wahrheit. Selbst der Koran bezeugt dies: Gott habe in Marias Gebärmutter hineingehaucht, und so wurde Jesus Christus ohne Zutun eines Mannes geboren. Wohlgemerkt, der Islam ist ein Feind und Gegner des Christentums. Trotzdem bestätigt er die Wahrheit von der Jungfrauengeburt Jesu Christi.

Jesus im Koran

Der Koran bestätigt auch weitere Wahrheiten über Jesus Christus: Dass er Kranke, Aussätzige und Blinde geheilt hat, kann man im Koran lesen, und auch, dass Jesus Tote auferweckte. Doch bei der Kreuzigung hören diese Bestätigungen auf. Der Islam bzw. der Koran will nichts davon wissen, dass Jesus Christus gekreuzigt wurde und sein Leben für uns gab. Auch die Gottessohnschaft Jesu Christi und die Tatsache, dass Gott als Vater, Sohn und Heiliger Geist eine Wesens-Einheit bildet, ist für den Koran ein Ärgernis.

Noch als Moslem hatte ich mich gefragt, wer uns Menschen vor Gott wohl gerechtsprechen könnte. Ja, wer? Der Glaube an Mohammed konnte es sicher nicht! Jeder weiß, dass Mohammed blutige Kriege führte gegen alle, die den Islam nicht annehmen wollten. Jesus dagegen hat niemals Krieg geführt, er hielt nie ein Schwert in der Hand. Im Gegenteil, er gab sein Leben hin für uns Menschen.

Die «heiligen» Kriege, die die Führer des Islams damals geführt hatten, sind mit den «christlichen» Kreuzzügen des Mittelalters durchaus vergleichbar. Allerdings handelten die Kreuzritter nicht nach den Anweisungen Jesu. Der Koran dagegen behauptet, wer im heiligen Krieg für Allah stürbe, käme ins Paradies. – Nein! Das ist nicht wahr! Der Gott, der uns geschaffen hat, ist ein Gott der Liebe.

Jesus predigte, dass jeder Mensch seinen Nächsten lieben und nicht hassen solle. Jesus erwartet sogar, dass wir *unseren Feinden* vergeben. Auf so eine Idee kann nur Gott kommen! Welcher Mensch ist schon fähig, seinem Feind zu vergeben? Also ich konnte das nicht, ich hätte meinen Feind verbrennen können. Doch Jesus hat mir ein neues Leben geschenkt.

Noch heute staune ich darüber, wie er mich und mein Leben vollständig zum Guten verändert hat. Seit ich Christ bin, kann ich nicht nur andere Menschen annehmen, sondern sogar die Juden, die ich als Moslem sehr gehasst hatte. Doch nun begann ich zu verstehen, dass ich die Juden annehmen sollte als normale Menschen wie mich selbst. (Nach meiner Entlassung habe ich in verschiedenen christlichen Freiburger Gemeinden Juden und Judenchristen kennengelernt und lieb gewonnen. Einer von ihnen war Pastor in meiner Gemeinde.

Seit ich Christ bin, spielt es für mich keine Rolle mehr, welcher Abstammung ein Mensch ist. Ich schätze diesen Pastor sehr.)

Ich bin meinem Schöpfer in Jesus Christus, meinem Erlöser, sehr dankbar, dass ich ihn und seine Wahrheit erkannt habe. Ohne ihn könnten wir Menschen unseren Schöpfergott nicht kennenlernen. Es reicht ja nicht, einfach nur an einen einzigen Gott zu glauben. Auch wenn solche Religionen gute Werte vertreten wie Liebe, nicht lügen, nicht töten und so weiter, bringen sie uns doch Gott nicht näher. Jesus hat gesagt: «Ich bin der Weg, ich bin die Wahrheit, und ich bin das Leben! Ohne mich kann niemand zum Vater kommen» (Johannes 14, Vers 6).

Eigentlich ist der Islam keine schlechte Religion. In vieler Hinsicht gründet sich der Islam auf die Bibel. Im Koran ist viel Gutes enthalten, das schon Jahrhunderte, ja Jahrtausende zuvor in der Bibel stand. Schließlich ist der Islam erst etwa 600 Jahre nach dem Leben Jesu auf Erden entstanden.

Wer wie die Moslems nur den Koran und seine Lehre kennt, wird diese Religion natürlich als überzeugend, hilfreich und vielleicht auch als göttlich empfinden. Jedenfalls war ich dieser Meinung. Aber nachdem ich begonnen hatte, mich mit der Bibel zu beschäftigen und intensiv zu beten, offenbarte sich mir der wahre Schöpfer – in Jesus Christus! Ich gewann die Überzeugung, dass *die Bibel* das echte Wort Gottes ist und nichts anderes. Der Glaube an Jesus Christus hat mich sehr verändert und ist ein wahrer Segen für mich.

Zwang oder Entscheidung

Es ist schade, dass der Islam jegliche Beschäftigung mit anderen Religionen verbietet und dies im Koran mit massiven Drohungen belegt. Es ist nicht fair, Menschen von Kind auf so zu formen und zu erziehen, wie man sie haben will. Kaum ein Mensch, der in einem islamischen Land aufgewachsen ist, hat sich freiwillig für diesen Glauben entschieden.

Manche Europäer konvertieren zum Islam, aber meiner Meinung nach kann das nur deshalb sein, weil sie den größten Schatz aller Zeiten verpasst haben, nämlich die Bibel mit ihrem echten, wahren Gotteswort! Sie haben die Wunder nicht richtig erkannt, die Jesus getan hat, und auch nicht die wahre Liebe seines Vaters erlebt, der ja eigentlich Vater für alle Menschen ist. Und sie schätzen nicht die große Gnade Gottes, dass, wer an Jesus Christus glaubt, nicht verloren geht, sondern gerecht ist vor Gott.

Das ist wohl der größte Unterschied zum Islam. Wer als Moslem Mohammed mehr schätzt als Jesus, muss sich den Himmel sozusagen verdienen: Seine guten Werke, seine guten Taten sollen alle seine Sünden vor Allah überwiegen. Dies ist für einen Menschen einfach unerreichbar. Viele Moslems, Männer, Frauen und Kinder, können nicht einmal lesen und schreiben, und trotzdem wollen sie gerne freiwillig für den Islam sterben. Dadurch, so hat man sie gelehrt, könnten sie sich einen Platz im Paradies sichern.

Selbst gut ausgebildete Moslems wollen keine Bücher über andere Religionen lesen oder sich damit befassen – jeder hat Angst vor dem Fluch Allahs. Es ist sehr traurig, dass man als Moslem keine Freiheit hat, selbst zu entscheiden. Ich weiß, wovon ich rede. Auch ich musste von Kind auf glauben, dass nur der Koran Gottes Wort sei und Mohammed sein auserwählter Prophet. So wurde ich geformt wie das Hufeisen vom Schmied. So wollte es mein Vater, der Imam.

Ich denke, so ging es vielen Moslems. Deshalb kann ich auch keinem von ihnen einen Vorwurf machen. Sie haben eben Angst, verdammt zu werden. Aber ich möchte Sie ermutigen. Wenn Sie auf der Suche sind – warum sollten Sie nicht einfach zu Gott beten und einfach *diesen wahren Gott* darum bitten, sich Ihnen zu offenbaren?

Jeder Mensch sollte die Freiheit haben, seinen Glauben frei zu wählen – oder auch ganz ohne Religion zu leben.

Natürlich sollte man seinen Kindern das vermitteln, wovon man selbst überzeugt ist. Man sollte sie beraten. Aber die Zeiten sind doch vorbei, in denen das Volk oder die Familie mit Härte zu dem einen oder dem anderen Glauben gezwungen wurden. Zwang, Härte und Strafe sind falsch und unmenschlich.

Kein Mensch hat Gott jemals gesehen. Auch nicht diejenigen, die behaupten, sie hätten ihre Botschaft oder ihren Auftrag direkt von Gott bekommen. Wenn sie auch versuchen, Gottes Existenz zu beweisen, bleibt Gott doch immer noch abstrakt und unfassbar.

Die Bibel dagegen sagt uns, dass Gott in Jesus Christus Mensch geworden ist, dass er sich uns Menschen geoffenbart hat. In Johannes 1, Vers 17 und 18 lesen wir: «Durch Mose gab uns Gott das Gesetz mit seinen Forderungen. Aber durch Jesus Christus schenkte er uns seine vergebende Liebe und Treue. Kein Mensch hat jemals Gott gesehen. Doch sein einziger Sohn, der in enger Gemeinschaft mit dem Vater lebt, hat uns gezeigt, wer Gott ist.» Jesus sagte von sich in Matthäus 12, Vers 50: «Denn wer den Willen meines Vaters im Himmel tut, der ist mein Bruder, meine Schwester und meine Mutter.»

Wie mutig war doch dieser Menschensohn: Er war sich nicht nur sicher, *Gottes Sohn* zu sein, sondern konnte von sich auch behaupten, *Gottes Werke* zu tun. In Johannes 5, Vers 36 sagt Jesus von sich: «Doch ich habe noch wichtigere Zeugen als Johannes [den Täufer]: die Taten nämlich, die ich im Auftrag meines Vaters vollbringe. Sie beweisen, dass der Vater mich gesandt hat.»

Auch andere Stellen bekräftigen das, so Johannes 10,

Vers 25 und 37–38: «All das, was ich im Auftrag meines Vaters getan habe, sollte als Beweis genügen. […] Wenn ich nicht das tue, was mein Vater will, braucht ihr mir nicht zu glauben. Tue ich es aber, dann glaubt doch wenigstens diesen Taten, wenn ihr schon mir nicht glauben wollt! Dann werdet ihr endlich erkennen und glauben, dass der Vater in mir ist und ich im Vater bin!»

Jesus Christus ist für mich sehr überzeugend – seine Worte, seine Wunder und auch sein Gehorsam bis zum Tod und seine Auferstehung. Er hat sein Leben nicht hingegeben, um auf der Erde Reichtum zu erlangen, sondern nur, um *uns* zu erlösen.

Ein neues Leben in Freiheit

Jesus kann jedem neues Leben schenken. Jeder, der an den Erlöser Jesus Christus glaubt, wird nicht nur von der Verdammnis gerettet; er bekommt auf dieser Erde ein neues Leben. Das ist der Wille Gottes, und Millionen können bezeugen, dass das wahr ist.

Als ich noch Moslem war, hielt ich mich für einen anständigen Menschen, und doch lebte ich wie jeder andere Mensch auch. Seit ich Christ geworden bin, haben sich mein Handeln und meine Einstellung radikal verändert. Ich sage jetzt nicht, dass ich vollkommen geworden sei, auf keinen Fall. Aber ich liebe die Menschen mehr als früher, und ich fürchte, liebe und respektiere auch Gott mehr als in der Vergangenheit. Gott hat mir in Christus oft gezeigt, dass er für mich da ist und dass er der lebendige Gott ist. Von diesen Wundern, die ich mit dem Herrn Jesus Christus erlebt habe, werde ich später noch berichten.

Aber noch saß ich hinter Gittern. Trotzdem schenkte mir Gott Freiheit und Ruhe in mein Herz. Das wirkte sich auch auf die Gestaltung meiner Zeit aus: Ich hatte große Lust, das Wort Gottes zu lesen. Ich las viel und genoss jeden Satz – vor allem in den vier Evangelien, in denen Jesus Christus direkt zu uns Menschen spricht.

Diese Worte und Gedanken können nicht von einem Menschen stammen, sie sind eindeutig göttlich. Jesus sprach mit Vollmacht und lehrte die Menschen in spontanen Gleichnissen.

In Johannes 10, Vers 11 sagt Jesus von sich: «Ich bin der gute Hirte. Ein guter Hirte setzt sein Leben für die Schafe ein.» Dies sagte er, bevor er gekreuzigt wurde. In Vers 14 und 15 sagt Jesus: «Ich aber bin der gute Hirte und kenne meine Schafe, und sie kennen mich; genauso wie mich mein Vater kennt und ich den Vater kenne. Ich gebe mein Leben für die Schafe.»

In Vers 30 macht er klar: «Ich und der Vater sind eins.» In Johannes 11, Vers 25 und 26 betont Jesus: «Ich bin die Auferstehung, und ich bin das Leben. Wer mir vertraut, der wird leben, selbst wenn er stirbt. Und wer lebt und mir vertraut, wird niemals sterben.»

In Johannes 8, Vers 36 steht: «Wenn euch also der Sohn Gottes befreit, dann seid ihr wirklich frei.» Und in Johannes 8, Vers 12 sagt Jesus: «Ich bin das Licht für die Welt. Wer mir nachfolgt, irrt nicht mehr in der Dunkelheit umher, sondern folgt dem Licht, das ihn zum Leben führt.»

Im Gefängnis habe ich das wirklich so erlebt: Jesus kam als Licht in meine Dunkelheit. Er nahm alle meine Sorgen auf sich, und ich konnte wieder richtig gut essen und schlafen wie schon lange nicht mehr. Jesus erfüllte mich mit seinem Frieden und mit seiner Liebe. Darüber staunten nicht nur die Beamten, sondern auch viele meiner Mitgefangenen. Auf einmal hatte ich für jeden freundliche Antworten und half auch anderen Gefangenen aus, die nicht genügend Geld hatten für ihre Einkäufe. Als Araber bin ich von Haus aus großzügig.

Aber Jesus scheint noch großzügiger zu sein. Nun, ich wurde bei etlichen Mitgefangenen recht beliebt.

Es gab allerdings viele Gefangene, die mit dem Glauben nichts zu tun haben wollten. Die meisten von ihnen waren Deutsche. Andere, sie waren Moslems aus der Türkei, dem Jemen, aus Tunesien, Marokko und anderen afrikanischen Ländern, begannen über mich zu reden.

Nur wenige von ihnen wussten bisher, dass ich Christ geworden war, aber diese Information verbreitete sich in Windeseile. Sie grüßten mich zwar weiterhin, aber nur mit einem knappen Lächeln, und in ihren Augen konnte ich das blanke Entsetzen sehen. Früher hatten sie mich von weitem gerufen, wenn sie mich im Hof sahen, und wollten mit mir sprechen. Wir hatten gute Zeiten zusammen gehabt.

Nun aber begannen sie, mich ihrer Religion gemäß zu verurteilen. Keiner von ihnen sagte ein Wort darüber, aber ich wusste es ganz genau: Sie zogen sich von mir zurück. Nun, ich konnte sie verstehen. Für mich war es ja auch lange Zeit undenkbar gewesen, dem Islam den Rücken zuzukehren und an Jesus Christus zu glauben. Meine islamischen Kollegen hatten keine Ahnung, wie wertvoll die Bibel ist und was ich an Jesus Christus habe. Er hatte mich zu einem neuen Menschen gemacht!

Ich nahm allen Mut zusammen und redete mit meinem Landsmann Yasin und einem anderen Kollegen aus dem Jemen. Ich erklärte ihnen, dass ich in der Bibel und in den Worten von Jesus die Wahrheit des Glaubens gefunden hätte und nun vom Christentum mehr überzeugt sei als vom Islam. Das gefiel ihnen gar nicht, und wir hatten eine lange Diskussion. Sie hörten sich zwar meine neue Einstellung an, waren aber misstrauisch und spotteten. Ich konnte ihnen nur immer wieder ans Herz legen, sich selbst darüber Gedanken zu machen, ob sie wirklich *den wahren Gott* anbeteten.

Asylantrag und Entspannungskurs

In Jesus hatte ich also Frieden, Freiheit und Ruhe gefunden. Trotzdem machten mir die Sorgen um meine Zukunft zu schaffen. Ich hatte mein Studium ja noch nicht abgeschlossen. Außerdem würde ich sehr wahrscheinlich in meine Heimat abgeschoben werden, sobald ich meine Strafe abgesessen hätte. Das ist die Regelung in Deutschland: Straffällig gewordene Ausländer werden in ihre Heimat abgeschoben. Dieses Gesetz kann ich akzeptieren. In meinem Fall wäre eine Abschiebung allerdings wirklich unangemessen gewesen.

Der Abschiebungsbescheid von der Ausländerbehörde kam. Er war gnadenlos. Ich begann vor Angst zu zittern. Wolfgang empfahl mir, einen Asylantrag zu stellen, da ich sonst keinerlei Chance hätte, der Abschiebung zu entgehen. Doch die Worte «Asyl» oder «Asylant» mochte ich überhaupt nicht. In Deutschland klingen diese Wörter fast wie Schimpfwörter. Ich wusste, dass die Deutschen im allgemeinen Asylanten nicht gerne hatten. Außerdem war ich ja nur zum Studium nach Deutschland gekommen und nicht als Flüchtling.

Wolfgang bot mir an, mit einem befreundeten Anwalt zu sprechen, der auch beim Schwarzen Kreuz mitarbeitete. Ich war ja noch an der Universität eingeschrieben, und vielleicht würden die Behörden bei mir eine Ausnahme machen. Doch auch diese Mühe war leider umsonst. Wieder erhielt ich nur Absagen, verbunden mit neuen Vorwürfen. Ich respektierte das deutsche Gesetz, dennoch fand ich es unmenschlich, dass meine Situation als Student auf gar kein Verständnis stieß. Ich war enttäuscht und wütend.

Schließlich entschloss ich mich doch, einen Asylantrag zu stellen; eine Abschiebung wäre mein Ende gewesen. Nach den marokkanischen Studentenunruhen war ich ernsthaft in Gefahr. Selbst wenn ich nicht verhaftet oder zusammengeschlagen würde, hätte ich doch keine Anstellung gefunden.

Meine Familie hatte hohe Erwartungen an mich. Dazu war ich nun noch Christ geworden. Ich kann den Ernst meiner Lage kaum beschreiben. Also stellte ich einen Asylantrag.

Nach monatelangem Warten – während dieser Zeit flehte ich unablässig zu Gott, und mein Vertrauen zu ihm nahm merklich zu – kam die Ablehnung. Ich war am Ende meiner Kraft, und in mir wuchs der Groll. Mein Anwalt riet mir zum Widerspruch mit der Begründung, es ginge nicht nur um mein Studium: Als Christ wäre ich in meiner Heimat in Lebensgefahr.

Dieser dritte Versuch meines Anwalts gab den Behörden offensichtlich zu denken. Jedenfalls zögerten sie lange mit ihrer Antwort und Entscheidung. Inzwischen hatte ich schon zwei Drittel meiner Strafe verbüßt und würde sie wohl vollständig absitzen müssen.

Diese letzten Monate im Gefängnis waren für mich eine sehr schwere Zeit. Ich war psychisch am Ende. Doch Gefangene mit guter Führung konnten einen Entspannungskurs belegen. Mein Antrag wurde genehmigt, und ich wurde vom Sozialarbeiter zum Vorstellungsgespräch eingeladen. Sein Büro befand sich in einem Flur zwischen zwei verschlossenen Türen in der Nähe der Eingangstür. Dorthin durften Gefangene sonst nur gehen, wenn sie Besuch hatten oder eben bei der Entlassung. Ich schnupperte Freiheitsluft!

Auf dem Türschild las ich: «Sozialarbeiter und Diplom-Ingenieur Maier». Ich war gewarnt. Auf eine Gehirnwäsche wollte ich mich nicht einlassen. Das Gespräch mit Herrn Maier war ganz nett, aber ich merkte bald, dass er kein gläubiger Christ war. Körperliche und seelische Entspannung standen bei ihm über allem – ganz gleich aus welcher Quelle sie kommen mochten. Ich dagegen war überzeugt, dass nur Jesus Christus vollkommene Heilung schenken kann.

Von Anfang an konnte ich mich von der Wirksamkeit der Entspannungsmethode überzeugen. Wir sollten uns hinlegen, die Augen schließen, eine bestimmte Körperhaltung einnehmen und das eine Mal nur zuhören, ein anderes Mal nachsprechen, was Herr Maier uns vorlas. Auch ich konnte dabei gut entspannen. Allerdings waren diese Rituale nicht christlich, und nach dem Unterricht betete ich immer um Vergebung. Ich sage jetzt nicht, Gott sei grundsätzlich gegen Entspannung. Aber es kommt doch sehr darauf an, welche Quelle man dabei anzapft.

Nach mehreren Wochen hatte ich mich merklich erholt. Anschließend durfte ich sogar in die LA, die Lockerungsabteilung. Diese befand sich in einem kleinen Haus im Gefängnishof. Nach erst achtzehn Monaten im Hauptgebäude war es ein großes Vorrecht, dorthin verlegt zu werden. Eigentlich durften nur Gefangene mit guter Führung kurz vor ihrer Entlassung dorthin.

In der Lockerungsabteilung stehen die Türen Tag und Nacht offen, man kann jederzeit in den Sportraum gehen, duschen, selbst kochen, Kuchen backen und fernsehen. Im Hauptgebäude des Gefängnisses war dies alles entweder nur sehr eingeschränkt oder überhaupt nicht möglich.

Lockerungsabteilung und neue Freunde

Die Abkürzung «LA» hatte ich früher schon gehört, konnte mir aber nichts darunter vorstellen. Doch ich genoss meine letzte Zeit in der Lockerungsabteilung sehr. Die Realschule, die ich zum noch besseren Deutschlernen über ein Jahr lang tagsüber besucht hatte, hatte ich mit der Mittleren Reife erfolgreich abgeschlossen, und mein Arbeitsplatz war nun nicht mehr in der Montageabteilung – ich arbeitete jetzt in der Schneiderei.

Dieses Mal teilte ich mein Zimmer mit einem Deutschen, ich will ihn Markus nennen. Ja, richtig, mein *Zimmer!* Unser

Raum unterschied sich sehr von einer Zelle. Wir hatten sogar Gardinen am Fenster. So hatten wir nicht mehr das Gefühl, im Gefängnis zu sein. Auch die Türen waren ganz normal, wir konnten sie jederzeit selbst öffnen und schließen.

Doch das Schönste von allem: Zwei der Mitbewohner waren auch durch die Arbeit des Schwarzen Kreuzes zum Glauben gekommen, in derselben Zeit wie ich. Einer davon war Markus, mit dem ich das Zimmer teilte; Dieter hatte ich früher schon von Jesus erzählt.

Wir drei waren wirklich gute Freunde. Jeden Tag sangen wir gemeinsam Loblieder für Jesus und beteten miteinander. Markus konnte sehr gut Gitarre spielen, und dabei vergaß er alles andere um sich herum. Wenn einer von uns sich Gedanken und Sorgen machte, ermutigten die beiden anderen ihn sofort.

Wir konnten einander sogar zurechtweisen, ohne dass das unsere Freundschaft getrübt hätte. Natürlich hatte jeder seine besonderen Schwachstellen und Sorgen. Aber ich war überzeugt, von uns dreien doch am schlimmsten dran zu sein. Das machte ich Markus und Dieter oft klar: Als Deutsche konnten sie schließlich nicht abgeschoben werden und hatten jede Menge Möglichkeiten für ihre Zukunft. Die beiden mochten mich sehr und beteten ständig für mich, damit ich nicht abgeschoben würde. Wir waren wirklich sehr nahe und vertrauensvolle Freunde.

Wir trieben gemeinsam Sport, und in der geräumigen Küche entstand so mancher Kuchen, während wir unablässig auf unsere Entlassung warteten. Es ging uns gut. Als Markus entlassen wurde, hatte ich mein Wohn- und Schlafzimmer für mich alleine. Das gefiel mir noch besser; ich war es ja gewohnt, alleine zu sein.

Zum Abschied warnten Dieter und ich unseren Bruder, er solle bitte draußen ein sauberes Leben führen und keine Drogen mehr nehmen. Leider wurde Markus später wieder rückfällig, was wir sehr bedauert haben. Inzwischen haben wir beide den Kontakt zu Markus verloren. Wir wissen nicht, wo er lebt – wenn überhaupt. Das ist traurig, aber es ist die Verantwortung jedes Einzelnen, ob er Gott treu bleibt oder nicht.

Das ist nun eine lange Zeit her. Dieter und ich haben jeder eine eigene Familie, wir leben mit Gott, und es geht uns gut. Damit möchte ich mich jetzt nicht selbst loben oder mir Anerkennung von Menschen verschaffen. Ich möchte nur zur Ehre Gottes davon berichten, was mein Herr Jesus Christus an uns getan hat. Er hat uns verändert, wie es seiner Herrlichkeit entspricht, und wir dürfen es bezeugen und ihm dafür danken. Als Kinder Gottes ist es unsere Aufgabe, anderen Menschen von Jesus Christus zu erzählen, sie zu ermutigen und zum Guten anzureizen.

Markus hinterließ eine Lücke, aber sie wurde bald wieder gefüllt. Meinen neuen Zimmergenossen nenne ich Niklas. Niklas hatte trotz seiner Jugend schon viele Straftaten begangen, und ich rechne es ihm hoch an, dass er trotz aller Unverfrorenheit Rücksicht auf mich nahm und mir Respekt entgegenbrachte. Danke, Niklas! Das vergesse ich dir nie. Niklas wusste, dass ich nach allen meinen schweren Erlebnissen nicht mehr viel Stress ertragen konnte.

Wie es der Herr von mir erwartet, sprach ich mit Niklas über die wertvollen Aussagen und Worte Gottes in der Bibel. Anfangs war er skeptisch; damit hatte er nicht gerechnet, dass ich junger Mann predigen kann. Er meinte wie viele andere, ein gutes Leben sei langweilig. Er hatte Lust an allem Möglichen, das den Menschen früher oder später zerstört. Aber mein Erzählen lohnte sich: Niklas begann mir zuzuhören.

Schon bald begann er, mir aus seinem Leben zu erzählen. In der Kindheit hatte er nie Liebe erlebt. Niklas hatte keinen Menschen, der für ihn sorgte. Daraufhin erklärte ich ihm, nur unser Vater im Himmel könne uns Menschen heilen und uns in Jesus ein gutes Leben schenken; der Satan hingegen wolle uns nur zerstören. Wir hätten die Freiheit zu wählen, auf wen wir hören wollten. Gott sei Dank, Niklas gab sein Leben dem Herrn Jesus Christus. Er begann, in der Bibel zu lesen und regelmäßig mit uns zu beten.

Dass sein Verhalten sich zum Guten verändert hatte, merkten auch die Beamten bald. Niklas versicherte Dieter und mir, er wolle nun keine Straftaten mehr begehen, eine Ausbildung beginnen oder Arbeit suchen, eine Familie gründen und ein normales Leben führen. Darüber freute ich mich sehr. Das ist ja eigentlich der Wille Gottes, dass wir gut sind und Gutes tun. Wie schnell das ging! Ich freute mich wirklich darüber, wie sich dieser Junge im Gefängnis innerhalb nur weniger Wochen so radikal zum Guten verändert hat. Gott hatte ihn wirklich schnell geheilt.

Ich kannte Niklas ja schon lange. Ein ganzes Jahr lang war ich ihm und seinem – Entschuldigung – unmöglichen Verhalten aus dem Weg gegangen. Er hatte mit jedem Streit anfangen wollen und mit seinen zahlreichen Straftaten angegeben. Sein Körper war über und über von Tätowierungen bedeckt. Schon damals hasste ich Tätowierungen, und das hat sich bis heute nicht geändert. In meinem ersten Gefängnisjahr, als ich noch nicht gläubig war, hätte ich mich mehrmals sogar gratis tätowieren lassen können, aber ich lehnte immer ab.

Ich war Ende zwanzig, und Niklas war neun Jahre jünger als ich. Sein manchmal kindliches Verhalten konnte ich einordnen, aber wie gesagt, zuletzt wurde er wirklich vernünftig. Er begann sogar, sich um mich Gedanken zu machen, ob ich das Bleiberecht bekommen würde oder nicht. Oft hörte ich ihn, wie er laut für mich betete. Das hat mich sehr berührt: Dieser Junge hatte nicht einmal eine Familie, und auch seine Freundin hatte sich von ihm getrennt. Und doch betete er für mich! Danke, Niklas.

Wie ein Blitz aus heiterem Himmel

Zuversichtlich schauten wir unserer Entlassung entgegen. Da traf mich eines Tages ein Schreiben von der Ausländerbehörde wie ein Blitz aus heiterem Himmel: Ich sollte abgeschoben werden, schon am nächsten Tag! Ich zitterte am ganzen Leib, und das Herz rutschte mir in die Hose. Mir kam alles hoch, was ich in den letzten 23 Monaten erlebt hatte. Ein bitterer, rasender Zorn auf die mir unmenschlich scheinenden deutschen Behörden packte mich.

So marschierte ich ins Büro und forderte von dem Beamten eine Erklärung. Der Mann war in Ordnung; in den knapp zwei Gefängnisjahren hatte ich kaum einen netteren und vernünftigeren Beamten kennengelernt. Er wusste alles über mich und schätzte mich sehr. Er meinte, dies alles hätte ich nicht verdient und die Behörden würden wirklich übertreiben.

Dann ging ich zur Sozialarbeiterin. Frau Müllers Büro befand sich ebenfalls in der LA. Ich schilderte ihr alles von Anfang an und auch die Konsequenzen einer Abschiebung. Frau Müller reagierte sehr freundlich und war sichtlich betroffen. Aber leider, so erklärte sie mir, könne sie nichts tun. Ich solle lieber mit meinem Anwalt darüber sprechen.

«Aber Frau Müller, mein Anwalt hat schon dreimal Widerspruch eingelegt!» Schließlich blieb mir nichts anderes übrig, als meinen Anwalt anzurufen und ihn zu fragen, ob er von dem Abschiebungsbescheid wisse. Seine Sekretärin bejahte das. Sie hätten allerdings absolut keine Möglichkeit, etwas dagegen zu unternehmen.

So blieb mir nur noch mein Betreuer Wolfgang. Leider war nur seine Frau zu Hause, versicherte mir aber, ihren Mann sofort zu informieren. Er würde mich umgehend besuchen.

Man holte mich ins Büro zurück, ich sollte etwas unterschreiben. Doch meine Nerven lagen blank, und ich schrie sie alle an, wo denn nun ihre sogenannten und angeblichen Menschenrechte blieben samt ihrer Demokratie. Ich beschwerte mich über die Unmenschlichkeit der deutschen Behörden – und weigerte mich zu unterschreiben. Nur mit Mühe konnten sie mich zur Unterschrift bewegen.

Der Bus stand schon im Gefängnishof, ein schauriger Anblick. Ich hatte nur wenige Stunden Zeit, um alles einzupacken und mich auf die Fahrt vorzubereiten. Dabei hatte ich das Gefühl, vor einem Abgrund zu stehen – es war, als hätte ich schon das Gleichgewicht verloren. Ich fühlte mich wie in der letzten Zehntelsekunde vor dem Absturz.

«Idrissi, Sie haben Besuch!»

Wolfgang hatte tatsächlich alles stehen und liegen lassen und war gekommen – ein kleiner Lichtblick. Weinend nahm er mich in den Arm, und auch ich schluchzte wie ein kleines Kind. In den vierzehn Monaten, die wir uns nun kannten, hatten wir einander ins Herz geschlossen.

Wie üblich saßen wir beide alleine in dem kleinen Raum, und zuerst betete Wolfgang für mich. Wenn ich abgeschoben würde, sagte er dann zu mir, solle ich bis zur letzten Sekunde mein Vertrauen auf Jesus setzen.

Diese Worte respektierte ich, und ich hielt auch weiterhin an meinem Glauben an Jesus Christus fest. Trotzdem konnte ich nicht umhin, mich selbst zu fragen, wo dieser Jesus jetzt war, an den ich glaubte. Wolfgang redete mir gut zu: Kein Mensch könne wissen, was der Wille Gottes sei. Ganz gleich, wie die Umstände seien, wir sollten nur auf Gott schauen und die Hoffnung nicht aufgeben.

Ich war am Ende, und Wolfgang spürte das wohl. Er bot mir an, mich nach Marokko zu begleiten. Das fand ich sehr nett von ihm. Aber das brauchte er sich doch nicht anzutun, fand ich. Weder im Flughafen noch zu Hause bei meiner Familie würde es angenehm sein, und keiner würde sich über meine Ankunft freuen. Das wollte ich keinem anderen zumuten.

Mit Tränen in den Augen trennten wir uns, nachdem Wolfgang mir noch versichert hatte, er würde mich im Gebet begleiten, genauso wie seine Familie und seine Gemeinde in Freiburg. Darüber freute ich mich, aber ehrlich gesagt schwand mein Glaube trotzdem zusehends. Möge der Herr mir verzeihen!

Noch am Abend verabschiedete ich mich von den Kollegen, die am nächsten Morgen schon früh zur Arbeit gehen würden. Mein Nachbar Dieter blieb den ganzen Abend bei mir und betete für mich. Erst spät gingen wir zu Bett.

Am nächsten Morgen um neun Uhr wurde ich von einem Beamten zu dem Bus begleitet, der immer noch im Gefängnishof stand. Nach dem Einsteigen überfiel mich wieder die Angst vor allem, was in meiner Heimat auf mich zukommen würde. Unwillkürlich fing ich an zu beten. Inzwischen weiß ich: Das war eine Wirkung des Heiligen Geistes.

Bis zur letzten Sekunde ...

Der Bus setzte sich in Bewegung. Durch die winzigen Fensterschlitze konnte ich die Mauern und Fenstergitter des Gefängnisses sehen. Wie hatte dies alles nur geschehen können? Fünf Jahre lang hatte ich in Freiburg gelebt, und nach zwei Jahren fuhr ich nun wieder einmal durch die Straßen der Stadt.

Traurige und schöne Erinnerungen standen wieder auf. Nie wieder würde ich als freier Mensch über diese Straßen gehen können! Das war wie ein schrecklicher, unfassbarer Albtraum. Ich fühlte mich wie in einem kleinen Käfig, richtig eingesperrt. So gerne wäre ich in meine frühere Wohnung oder einfach durch Freiburg gegangen.

Der Bus verließ die Stadt Richtung Autobahn. Das Ziel, den Frankfurter Flughafen, kannte ich schon. Wir fuhren die Autobahn den Schwarzwald entlang, und ich genoss die schöne Aussicht. Leider, leider würde ich heute zum letzten Mal diese Landschaft sehen.

Plötzlich hielt der Bus an. Wir waren in einem anderen Gefängnis angekommen, und wahrscheinlich sollte jemand einsteigen, der verlegt werden sollte.

Nach einigen Minuten setzten wir die Fahrt fort. Ich wusste: Von Freiburg zum Frankfurter Flughafen waren es zweieinhalb Stunden Fahrt. Aber wann würde mein Flug gehen? Wie lange würde ich dort noch warten müssen? Hoffentlich musste ich all den vielen Menschen nicht mit Handschellen unter die Augen treten.

Die Busfahrt war offensichtlich gut organisiert. Dennoch verbrachten wir in mehreren Gefängnishöfen unerwartet viel Zeit.

Kurz vor Mittag hielt der Bus wieder in einem Gefängnis. Mittagspause! Wir wurden in einen Warteraum gesperrt. Dessen Anblick machte mich direkt ein wenig dankbar: In Freiburg waren die Räume doch einigermaßen neu und sauber gewesen; dieser Raum aber war alt und schmutzig. Noch schlimmer, ich befand mich hier in Gesellschaft von Menschen, die eine Zigarette nach der anderen rauchten. Sie machten viel unnötigen Lärm, und allein ihr Anblick erregte in mir Widerwillen. Sie forderten Mittagessen, so laut sie konnten, sie erzählten Witze und lachten darüber. Das konnte ich nicht ertragen. Wie konnten sie nur Witze machen und Spaß haben?

Schließlich kam tatsächlich das Mittagessen in einem großen Kochtopf. Die Tür wurde wieder geschlossen, und alle stürmten nach vorne. Obwohl ich hungrig war, hatte ich keinen Appetit. Ich war sehr müde. So legte ich meine Arme auf den Tisch und die Stirn darauf und begann leise zu beten.

Was hatte Wolfgang mir zum Abschied gesagt? «Ganz gleich, was kommen mag, verlasse dich fest auf Jesus Christus.»

So betete ich: «Mein Gott, mein Schöpfer und Schöpfer des Himmels und der Erde. Ist das deine Strafe dafür, dass ich nicht mehr Moslem bin, sondern Christ wurde? Herr Jesus Christus, ich habe doch schon einiges mit dir erlebt. Bitte gib mir die Sicherheit, dass du der Herr bist. Jesus, du hast gesagt, du seist der Weg, die Wahrheit und das Leben! Ich möchte meinen Glauben an dich nicht verlieren. Bitte tue etwas!»

Ich schloss mein Gebet mit einem «Amen». Beim letzten Buchstaben drehte sich der Schlüssel in der Tür.

«Raschid Idrissi, Sie fahren nach Freiburg zurück. Bitte kommen Sie mit!»

Nichts lieber als das! Im Gehen drehte ich mich um und schaute zu meinem Stuhl zurück – fast erwartete ich, den Herrn Jesus Christus tatsächlich mit meinen Augen zu sehen! Mein Herz ging auf, und mein Verstand stand still.

Sehnsucht nach Freiburg

Der Beamte brachte mich zum Bus zurück. Ich stieg ein. In der kleinen Zelle, die mir zugewiesen wurde, saß ein großer, dicker, tätowierter Deutscher.

Mit triumphierend erhobener Faust schrie ich ihm entgegen: «Preis den Herrn! Preis den Herrn, Jesus ist der Herr!»

Er lachte mich an: «Ist ja schon gut, setz dich! Was ist los?»

Ich antwortete: «Hören Sie gut zu, ich bin der Raschid, ich war gerade unterwegs zum Frankfurter Flughafen und sollte abgeschoben werden. Ich war völlig am Ende. Vor ein paar Minuten habe ich zu Jesus Christus gebetet, an den ich seit einem Jahr glaube und den ich im Freiburger Gefängnis kennengelernt habe. Während ich noch betete, kam der Beamte und sagte, ich solle nun doch nicht abgeschoben werden. Wenn das kein Wunder ist?!»

Mein Zellen-Nachbar, der zugehört hatte, gab mir recht:

«Absolut! Ich meine, selbst bin ich kein gläubiger Mensch, aber was du mir gerade erzählst, das ist ja der Wahnsinn!»

Nun ja, es war Realität und nicht Wahnsinn. Dann erzählte ich ihm aus der Bibel, welche Wunder Jesus getan hatte, und während er zuhörte, begann auch er, seine Hoffnung auf Gott zu setzen.

Der Bus fuhr wieder an, und ich erwartete, nun geradewegs nach Freiburg zurückgebracht zu werden. Ich sehnte mich nach meinem gewohnten Zimmer, nach Dieter und Niklas. Aber nein, jetzt ging es zuerst nach Heimsheim. Eigentlich hatte ich dafür keine Nerven mehr. Aber mein Glück darüber, dass ich nun doch nicht abgeschoben wurde, half mir über diese Enttäuschung hinweg.

Während der Fahrt erzählte ich meinem Kameraden begeistert von all dem, was ich mit Gott erlebt hatte. Er war davon sehr angetan, und ich durfte sogar für ihn beten. Anfangs war er sehr verbittert gewesen. Er war mehrfach straffällig geworden, und seine Familie wollte nichts mehr mit ihm zu tun haben. So hatte er alle Hoffnung verloren. So wie er aussah, konnte ich mir auch gar nicht vorstellen, dass jemand freiwillig mit ihm zu tun haben wollte. Es wunderte mich wirklich, dass er mir, dem Ausländer, so interessiert zuhörte. Auch der Beamte, der ab und zu einen Blick auf uns warf, merkte, dass der andere Gefangene sich beruhigt hatte; er war sogar ein wenig fröhlich geworden.

Schneller als gedacht kamen wir in Heimsheim an. Dort erwartete mich eine neue Enttäuschung: Das Wochenende stand vor der Tür, und der Bus würde erst am Montag nach Freiburg fahren. Drei Tage lang nur auf Zelle eingesperrt? Trübe Aussichten! Tatsächlich konnten wir nur eine Stunde am Tag in den Hof gehen.

Das Gebäude war sehr neu und sauber, die Zellen aber waren sehr eng. Dieses Mal lag ich mit einem jungen Mann aus Russland zusammen. Sascha war sehr still und zurückhaltend.

So kramte ich mein Russisch hervor, was sich als erfolgreicher Eisbrecher erwies.

Überrascht fragte er mich, wie ich als Marokkaner dazu gekommen sei, Russisch zu lernen. Daraufhin erzählte ich ihm von meinem zweimonatigen Aufenthalt in Moskau. Ich konnte besser Russisch, als er Deutsch sprach, und so verbrachten wir das Wochenende mit einem Intensiv-Deutschkurs zu zweit. Dafür war Sascha sehr dankbar. Natürlich erzählte ich ihm auch von meinen Erlebnissen mit Gott. Sascha hörte zu und nickte immer wieder.

In Gedanken war ich bei meinem Betreuer Wolfgang und allen Mitarbeitern des Freiburger Schwarzen Kreuzes – sie wähnten mich jetzt im Frankfurter Flughafen in Abschiebehaft. An diesem Wochenende waren sie alle auf der Jahresfreizeit. Sehr gerne wäre ich auch dabei gewesen; wegen Fluchtgefahr durfte ich leider nicht teilnehmen.

Meine Freunde wussten ja nicht, dass ich auf dem Rückweg nach Freiburg war und dass sie mich bald wiedersehen würden. Sicher beteten sie alle für mich. Auch Dieter durfte an dieser Wochenendfreizeit teilnehmen, worüber ich mich freute. Wir waren sehr gute Freunde und Brüder im Herrn.

Mit Gottes Hilfe brachte ich aber auch dieses lange Wochenende im Gefängnis Heimsheim gut hinter mich. Als ich am Montagmorgen zum Einpacken aufgefordert wurde, sagte ich zu dem Beamten: «Das ganze Wochenende habe ich auf diesen Moment gewartet!»

«Ist es in Freiburg denn besser?»

«Viel besser, Herr Beamter!», bestätigte ich.

Glückliche Rückkehr

In Freiburg wurde ich mit großen Augen und verwunderten Gesichtern empfangen. Der Beamte, der unseren Bus begleitet hatte, flüsterte ihnen etwas ins Ohr, und ich schrie laut: «Gott ist groß!»

Immer noch war ich begeistert davon, wie mein Herr Jesus Christus eingegriffen hatte. Auch von meinen Kollegen in der Lockerungsabteilung wurde ich herzlich begrüßt. Begeistert erzählte ich ihnen, was ich erlebt hatte. Sie konnten es kaum glauben. Auch unser Beamter wollte es hören, so erzählte ich alles von vorn. Das tat ich gerne, denn er war immer sehr freundlich gewesen.

Am Nachmittag war Hofgang. Viele ausländische Gefangene stürmten auf mich zu und wollten wissen, weswegen ich nicht abgeschoben worden sei, worauf ich ihnen erklärte: «Gott hat eingegriffen. Er kennt mich genau und weiß alles über mich, und er hat mich gerettet!»

Am nächsten Tag rief ich meinen Anwalt an. Er war sehr überrascht, von mir zu hören, dass ich doch nicht abgeschoben wurde und nun wieder im Freiburger Gefängnis war, und freute sich mit mir. Er erklärte mir, er hätte alles ihm Mögliche unternommen und eine Ablehnung nach der anderen erhalten, bis vor einigen Tagen der Abschiebungstermin bekanntgegeben wurde.

«Herr Idrissi, ich kann mir nicht erklären, warum Sie nun doch nach Freiburg zurückgekommen sind. Jedenfalls ist es prima, dass man Sie nicht abgeschoben hat!»

Darauf erwiderte ich: «Ich konnte Gott fast mit eigenen Augen sehen!» (Nach meiner Entlassung habe ich meinen Anwalt oft in seiner Kanzlei besucht. Er lächelt, wenn ich ihm von meinem Glauben erzähle.)

Am Freitag im Bibelkreis freuten wir uns alle gemeinsam, mein lieber Betreuer Wolfgang und die anderen Mitarbeiter vom Schwarzen Kreuz. Ich dankte ihnen sehr für ihre Gebetsunterstützung. Auch ihre Gemeinden hatten gebetet, und das hat sicher zu meiner Rettung beigetragen. Aus welchem

Grund meine Abschiebung gestoppt wurde, darüber wurden damals weder ich selbst noch mein Anwalt informiert.

Dann berichteten sie von der Freizeit. Wie jedes Jahr hatten sie sich auch am vergangenen Wochenende mit ihren Familien, mit einigen entlassenen Gefangenen, die schon im Gefängnis zum Glauben gekommen waren, und Mitgefangenen aus der Lockerungsabteilung in einem Ferienhaus getroffen. Sie konnten sich austauschen und singen, sie beteten gemeinsam, und es gab auch Predigten. Zwischendurch hatten sie genügend Zeit zum Wandern, Schwimmen und zur Erholung aller Art. Natürlich gab es immer gutes Essen.

Inzwischen nehme ich regelmäßig an diesen Freizeiten teil und kann sagen, es fühlt sich an wie in einer großen Familie. Am letzten Tag feiern wir gemeinsam das Abendmahl, und danach berichtet jeder, was er in diesen Tagen mit Gott erlebt hat. Zum Abschluss gibt es nochmals eine Zeit des Gebets, wir singen und tauschen uns aus. Solch ein Wochenende tut richtig gut. Man fühlt sich Gott nahe und neu gestärkt, selbst die Gefangenen, die danach wieder ins Gefängnis zurückmüssen.

So war ich also glücklich, wieder im Freiburger Gefängnis zu sein. Dieses Glück wurde allerdings getrübt durch sehr viel Ungewissheit. Weder wusste ich, mit welcher Begründung ich vorläufig in Deutschland bleiben durfte, noch hatte ich eine Ahnung, was in nächster Zeit mit mir passieren würde. Ich machte mir zwar große Hoffnungen, dass ich in Deutschland mein Studium abschließen könnte; aber nach 23 Monaten Haft kam es mir vor, als würde ich nie wieder frei werden, und ich wollte nun endlich das Gefängnis verlassen dürfen. Die noch ausstehenden acht Monate kamen mir unendlich lang vor.

Manchmal werden Ausländer in ihre Heimat ausgewiesen, nachdem sie ihre Strafe zur Hälfte verbüßt haben; in der Regel ist dies spätestens nach zwei Dritteln der Haftzeit der Fall.

Zwei Drittel meiner Strafe hatte ich schon lange verbüßt und befand mich doch immer noch in Haft.

Wolfgang erklärte mir, bei einer Entlassung verlangten die Behörden eine Sicherheit, und er erklärte sich bereit, mich bei sich zu Hause aufzunehmen. Ich dürfe bis zur endgültigen Entscheidung der Behörden bei ihm wohnen – oder so lange, bis ich selbst in der Lage sein würde, mein Studium zu finanzieren.

So viel Liebe! Ich kann es kaum fassen. Wolfgang, seine Familie und viele Mitarbeiter des Schwarzen Kreuzes sind für mich nicht nur Menschen, sondern Engel Gottes, die Gott mir verlorener Seele geschickt hat.

Vierter Teil

Endlich

Schließlich kam die Erlösung: Im August 1992 wurde ich entlassen. Preis den Herrn, ich durfte doch in Deutschland, in Freiburg, bleiben! Ich rief bei Wolfgang an und erklärte Michaela, ich sei gerade beim Einpacken. Ob sie mich tatsächlich aufnehmen wolle? Michaelas Antwort ließ keinen Zweifel zu:

«Raschid, du bist unser Bruder im Herrn. Du bist Teil unserer Familie! Mach dir keine Gedanken. Ruf mich wieder an, wenn du außerhalb des Gefängnisses bist. Ich hole dich ab!»

Gott sei Dank! Nun endlich konnte ich meiner Zukunft mit großer Zuversicht entgegensehen. Ich segnete die Behörden und alle Beamten und bat Gott um Vergebung für meine Wut auf sie. Plötzlich war ich in der Lage, sie wirklich zu mögen. Mir dämmerte, wie es ihnen wohl ging, und ich konnte mich ein wenig in ihre Lage hineinversetzen.

Meinen Tauchsieder, das Radio und anderes, das ich im Gefängnis gekauft hatte, verschenkte ich an meine Freunde und Bekannten. In Begleitung eines Beamten ging ich dann Richtung Pforte, wo ich meinen Entlassungsschein unterschrieb und den Empfang meines durch Arbeit und Schulbesuch verdienten Geldes quittierte. Damit hatte ich nicht wirklich gerechnet, und ich empfand sogar so etwas wie Bewunderung für den deutschen Justizvollzug!

Zudem erfuhr ich, dass ich sogar zum Bezug von Arbeitslosengeld berechtigt sei – vor meinem Schulbesuch hatte ich im Gefängnis ja in der Montage gearbeitet und in der Näherei. Auch das war eine gute Nachricht, gelobt sei Gott! Fröhlich und guter Dinge verabschiedete ich mich und konnte so einen letzten guten Eindruck hinterlassen.

So stand ich nun nach über zwei Jahren wieder außerhalb des Gefängnisses. Ich überquerte die Straße und sah mich suchend um, aber ich hatte keine Ahnung, wo ich war. Eigentlich kannte ich Freiburg gut und konnte früher immer helfen, wenn ich nach dem Weg gefragt wurde. So etwas nennt man wohl Haftschaden.

Ich war voller Freude am Herrn und fühlte mich stark. So steht es auch in der Bibel (Nehemia 8, Vers 10): «Lasst den Mut nicht sinken, denn die Freude am Herrn gibt euch Kraft!»

Von der nächsten Telefonzelle aus rief ich wieder bei Michaela an.

«Wo bist du, Raschid, bist du schon draußen?», fragte sie.

«Ich bin in der Telefonzelle gegenüber dem Gefängnis. Ich habe aber einen großen Karton dabei und einen schweren Rucksack», erwiderte ich und hörte dann:

«Kein Problem, ich fahre demnächst los und bin in einer halben Stunde da.»

So hatte ich Zeit, mich umzusehen. Wie breit und groß die Straßen waren! Nun ja, ich kam eben gerade aus dem engen Gefängnis. Ein unglaubliches Gefühl!

Die Wartezeit verging wie im Flug, und schon stand die Familienkutsche vor mir. Michaela begrüßte mich mit einer freudigen Umarmung – als wären wir Verwandte. Dann wollte sie mir helfen, mein Gepäck einzuladen. Doch das ließ ich nicht zu, schließlich war Michaela hochschwanger. Wieder staunte ich über Wolfgangs und Michaelas Bereitschaft, mich in ihre Familie aufzunehmen, und dankte ihr sehr dafür.

Fast wie im Paradies

Wolfgang und Michaela wohnen in einem Freiburger Vorort, ziemlich weit oben am Rand des Dorfes nahe an den Weinbergen. Keine Abgase, kein Autolärm, fast wie im Paradies. *Was für ein Haus, was für schöne Möbel, und auch noch so eine nette Familie!*, dachte ich und dankte Gott für seine Fürsorge. Am späten Nachmittag kam Wolfgang von der Arbeit. Er freute sich sehr über meine Entlassung und dass ich jetzt bei ihnen war. Wie immer begann er gleich mit mir und für mich zu beten.

Ich habe viel von ihm gelernt! Zum Beispiel, wie er als Christ mit seiner Ehefrau umgeht, und umgekehrt, wie Michaela sich zu ihm verhält. Diese drei Monate in dieser Familie haben mich sehr geprägt. Das Leben dort war so grundverschieden von dem in meiner moslemischen Familie und überhaupt davon, wie es bei den Arabern üblich ist. Diese Familie war auch anders als die normalen modernen europäischen Familien, die ich bis dahin kennengelernt hatte. Nicht alle Deutschen sind so freundlich, fürsorglich und liebevoll ihrem Ehepartner gegenüber. Deshalb war ich sicher, dass der Grund für ihr gutes Familienleben nur die Liebe Christi sein konnte.

Auch andere christliche Familien und Mitarbeiter des Schwarzen Kreuzes luden mich mehrfach zu sich nach Hause ein – und dort bestätigte sich meine Beobachtung.

Eine dieser Familien war die von Louise und Rainer Bliefert. Rainer ist Zahnarzt, und mehr als sechs Jahre lang waren meine Zähne bei ihm in besten Händen. Doch dabei blieb es nicht. Etwa zwei Jahre lang ging ich jede Woche zu ihnen zum Hauskreis, und einmal luden sie mich sogar zu Weihnachten ein. Dort erlebte ich christliche Nächstenliebe im wahrsten Sinne des Wortes.

Auch Doris und Karlheinz Fluhbacher (er ist selbstständiger Vermessungsingenieur) bin ich sehr dankbar: Um mir zu helfen, ließ Karlheinz mich bei sich arbeiten und Geld verdienen, als ich es nötig hatte. Ich hatte dort eine Vollzeitstelle und konnte viel dazulernen.

Oder Petra und Thomas Schmutz, bei denen ich meinen ersten Hauskreisabend erlebte. Auch in ihrer Ehe war diese wunderbare Liebe und Harmonie zu spüren.

Sehr wichtig ist für mich immer noch Familie Völker aus

der Nachbarschaft von Wolfgang und Michaela, bei denen ich über zwei Monate lang kostenlos in einem besonders schönen Zimmer wohnen durfte. Sie gehörten zu derselben Freiburger Gemeinde, die ich in den ersten Monaten nach meiner Entlassung besuchte. Ich könnte noch viele Namen aufzählen von Menschen, die nicht nur schöne Worte und leere Versprechungen machen, sondern ihre Aussagen auch konkret werden lassen und ihren Glauben in die Tat umsetzen: Patricia und Rolf Huberfrey, Claudia und Hans-Peter Ehret, Familie Eismann, Familie Kuhn, Familie Jakob und viele andere.

Worauf es wirklich ankommt

So wohnte ich nun also zunächst bei Wolfgang und seiner Familie. Ich war in Marokko ja streng erzogen worden, und meine Eltern hatten mich gelehrt, anderen Menschen Respekt zu erweisen. Aber vor dieser Familie hatte ich noch mehr Hochachtung als meinen eigenen Eltern gegenüber: Nur weil sie an Jesus glaubten, nahmen sie mich fremden Menschen auf, und ich durfte so sein, wie ich bin. Dafür bewunderte ich Wolfgang und Michaela aufrichtig!

Es war mir aber unangenehm, als gesunder Mann Anfang dreißig ohne Gegenleistung bei ihnen zu wohnen, und ich nahm mir vor, mich dieser Ehre würdig zu erweisen. Wolfgang betrachtete ich als meinen besten eigenen Bruder und Michaela als meine allerbeste Schwester. Damals hatte ich zwar noch keine Kinder, doch ihre Kinder betrachtete ich als mir ins Leben geschenkt. Immer noch danke ich Gott für diese Familie. Sie sind wohlhabend, gut situiert und modern – doch dies alles tat ihrem Glauben keinen Abbruch. Das hat mich wirklich fasziniert!

So langsam begann ich zu verstehen, was in der Bibel steht: Es kommt einzig und allein darauf an, dass man von neuem geboren ist. Nicht Religiosität ist Gott wichtig. Jesus Christus sagte zu Nikodemus, der die Gebote von Mose vorbildlich einhielt: «Ich will dir etwas sagen, Nikodemus: Wer nicht neu geboren wird, kann nicht in Gottes neue Welt kommen» (Johannes 3, Vers 3).

Es stimmt wirklich: Für Gott ist nicht Religiosität wichtig, sondern unser Gehorsam. Gott fragt danach, ob wir unseren Glauben in die Tat umsetzen und Frucht bringen. Doch dies können wir nur, wenn wir an Jesus Christus glauben. Dann schenkt er uns aus Gnade die Kraft, Frucht zu bringen.

Ich habe es an mir selbst gesehen und an anderen Menschen beobachtet: Kein Mensch kann den Vater im Himmel zufriedenstellen. Nur Jesus kann den Menschen so verändern, dass er aus Liebe zu Gott und aus Respekt vor ihm wirklich von ganzem Herzen gehorchen kann. Jesus setzt uns nicht eiserne Gesetze vor, sondern befähigt uns, seinen Willen zu tun. Aus eigener Kraft können wir das nicht.

Gott sei Dank habe ich gelernt, voller Freude zu Gott zu beten. Als Moslem hatte ich jahrelang jeden Tag die fünf vorgeschriebenen Gebete verrichtet – aus Angst vor Allah, aus Angst davor, bei ihm in Ungnade zu fallen. Nicht nur bei mir selbst, sondern auch bei meinem frommen Vater und bei vielen anderen Moslems habe ich es erlebt: Im einen Moment beenden sie das Gebet, und im nächsten können sie maßlos zornig sein. Mehrmals habe ich aus nächster Nähe mitangesehen, wie sich sogar ältere Moslems in der Moschee heftig stritten. Der Islam ist, so gesehen, eine kraftlose Religion.

Erst als ich Christ wurde, begann ich zu erleben, wie weit der wahre Gott in Christus uns Menschen verändern kann. Ich war ja selbst lange Zeit praktizierender Moslem gewesen. Jahrzehntelang habe ich zu Hause oder in der Moschee fünf Mal am Tag gebetet, den Ramadan eingehalten und dabei alle anderen Menschen, die nicht Moslems waren, verachtet und verabscheut.

Nach Auffassung des Islams ist jeder, der nicht an Allah, an seinen Propheten Mohammed und den Koran glaubt, verflucht. Sein Platz in der Hölle ist ihm in alle Ewigkeit sicher. Mit all meinen Gebeten vor Allah rang ich nur um meine Errettung – aber dabei ging es mir genauso wie meinem Vater: Kaum ist das Gebet beendet, vergisst man alles, was die Religion von einem erwartet.

Nun habe ich in Jesus Christus Gott selbst kennengelernt. Ich habe die Wahrheit gefunden, nicht eine andere Religion. Wie jeder Gläubige bin ich trotzdem ein unvollkommener Mensch. Aber wer an den Herrn Jesus Christus glaubt und ihn fürchtet und ehrt, der hat den Heiligen Geist. Der Heilige Geist weicht unser Herz auf und gibt uns die Bereitschaft, andere Menschen anzunehmen, wie sie sind.

In der Bibel (Johannes 13, Vers 34 und 35) steht, dass Jesus seinen Jüngern sagte: «Liebt einander! So wie ich euch geliebt habe, so sollt ihr euch auch untereinander lieben. An eurer Liebe zueinander wird jeder erkennen, dass ihr meine Jünger seid.»

Der Heilige Geist Gottes korrigiert mich immer wieder und leitet mich auf den richtigen Weg zurück, bevor ich meinen Irrweg weiter fortsetze. Das ist Gnade.

Besuch von Jörg – und wieder Weihnachten

Nach einigen Wochen erhielt ich Post von Jörg: Er könnte Urlaub bekommen unter der Voraussetzung, dass ihn jemand aufnehmen würde. Allerdings hatte er niemanden, der ihn eingeladen hätte. Ich fragte Wolfgang und Michaela. Und tatsächlich, sie bürgten für ihn und luden ihn in ihre Familie ein. So kam Jörg immer wieder zu uns zu Besuch. Auch Jörg staunte über die Großzügigkeit und Hilfsbereitschaft dieser Christen. Ich erzählte ihm jedes Mal von der Gnade des

Herrn Jesus, die mich selbst veränderte und auch meine Gastgeber dazu führte, Menschen in Not großzügig zu helfen.

Auch Michaela sprach immer wieder voller Liebe mit Jörg über die Wahrheit Gottes, die er uns in Christus nahegebracht hat. Jörg war ein harter Brocken, und es war nicht leicht, mit ihm über den Glauben zu reden. Doch die Mühe lohnte sich. Eines Tages ließ er sich zögernd darauf ein, mit Michaela zu beten und sein Leben Jesus Christus anzuvertrauen.

Man konnte den Unterschied deutlich sehen: Er strahlte übers ganze Gesicht und schwärmte davon, dass er den Herrn Jesus wirklich erlebt hatte. Von da an hatte ich keine Bedenken mehr, wenn ich an Jörgs Zukunft dachte. Ich freute mich sehr über die Wende in seinem Leben! Nach seiner Entlassung kam er regelmäßig in unsere Gemeinde und unseren Hauskreis.

Nach über drei Monaten boten Nachbarn mir an, zu ihnen zu ziehen. Sie hätten weniger Kinder, und bei ihnen hätte ich mehr Freiraum, mich zurückzuziehen. Drei Monate lang durfte ich unentgeltlich in ihrem schönen, großen, möblierten Dachzimmer wohnen. Der Herr segne sie dafür!

Es wurde Weihnachten. Zu Heiligabend waren Wolfgang und Michaela bei Michaelas Eltern in Freiburg eingeladen. Michaela lud mich ein, mit ihnen zu gehen, und redete mir gut zu: Ihre Eltern würden mich und meinen Fall gut kennen, und sie würden mich mögen, Vorgeschichte inklusive. Trotzdem war es mir unangenehm. Ich kannte sie nur vom Sehen, von ihren Besuchen bei Michaela.

Michaelas Vater war Dachdeckermeister und recht wohlhabend. Einmal durfte ich in seinem Porsche mitfahren. Ich musste zum Arbeitsamt, und Michaelas Vater nahm mich ohne zu zögern mit. Er fuhr also einen Porsche, und ich hatte noch nicht einmal einen Führerschein! Das schien mir ungerecht, und ich spürte ein wenig Neid.

So konnte ich mir die Worte nicht verkneifen: «Also, ich

kann die Welt nicht verstehen, es scheint alles so ungerecht –
aber inzwischen bin ich reich an Gottes Liebe.»

Seine Antwort war wohl typisch für einen Menschen, der
Jesus noch nicht kennt: «Ach, weißt du, man sollte nur an sich
selbst glauben!»

«Nein!», erwiderte ich, «Gott hat uns Menschen geschaffen, weil er Gemeinschaft mit uns haben will! Das ist das
Wichtigste im Leben, alles andere ist vergänglich.»

Dafür hatte er nur ein müdes Lächeln übrig. Respektvoll
wechselte ich das Thema.

Ich nahm also die Einladung zu Heiligabend an und wurde
wie alle anderen sehr freundlich empfangen. Das Essen war
gut und reichlich. Während der Bescherung überreichte mir
Michaelas Vater ein sehr schönes Geschenk, das anzunehmen
mir nicht leichtfiel. Ich öffnete es – und hielt einen schönen
roten Pullover in der Hand, der ganz nach meinem Geschmack war und für den ich ihm und seiner Frau herzlich
dankte.

Später überreichte er mir eine feine Zigarre. Damals war
ich noch Raucher, und so etwas wollte ich mir nicht entgehen
lassen. Es war zwar kein *himmlischer* Genuss, doch im Gefängnis hatte ich solche Leckereien entbehren müssen und
war jetzt dankbar dafür. Innerlich dankte ich Jesus unablässig
für all seine Liebe, die er mir erwiesen hatte, und gab Gott die
Ehre dafür.

Fürchte dich nicht!

Einige Wochen zuvor hatte Wolfgang mir vorgeschlagen, vielleicht eine Bibelschule zu besuchen.

Was war das? Davon hatte ich noch nie gehört. Wahrscheinlich beteten sie dort den ganzen Tag und lasen nur in
der Bibel. Ich war zwar gläubig, aber nicht fromm genug, um

wie ein Prophet zu leben. «Nein!» Vielleicht, so versuchte ich im Scherz zu kontern, wollten sie mich ja nur loshaben.

Schallendes Gelächter war die Antwort! Wolfgang und Michaela selbst und das Schwarze Kreuz wollten die Kosten übernehmen, so dass ich drei Monate lang in Nordrhein-Westfalen eine Bibelschule besuchen konnte. Ich war mir nicht ganz sicher, nahm das Angebot aber schließlich an. Der Kurs sollte im Januar beginnen.

So bezog ich mein Zimmer, ich wohnte mit einem jungen deutschen Mann zusammen. Auf meinem Bett lag ein Bibelspruch: «Fürchte dich nicht, denn ich bin bei dir; hab keine Angst, denn ich bin dein Gott! Ich mache dich stark, ich helfe dir, mit meiner siegreichen Hand beschütze ich dich!» (Jesaja 41, Vers 10).

Mir wurde warm, ja heiß, von Kopf bis Fuß. Alle Angst vor der Zukunft und vor der dreimonatigen Bibelschule war wie weggeblasen. Ich hatte das starke Gefühl, dass Gott das zu mir ganz persönlich sagte! Plötzlich war ich mir ganz sicher: Gott hatte mich den ganzen Weg begleitet, und er war auch hier in meinem Zimmer. Einige Tage später wurde mir bewusst, dass das genau derselbe Vers war wie damals auf der Weihnachtskarte von Schwester Ursula!

Ich packte meinen Koffer aus und wollte mich draußen umschauen. Ein großer junger Mann begrüßte mich freundlich und stellte sich als Detlef vor. Woher ich komme, wollte er wissen.

«Aus Marokko!»

«Wirklich? Marokko ist doch ein islamisches Land. Bist du Christ geworden? Wie kam das?»

Ich antwortete: «Ja, ich war ein sehr überzeugter Moslem wie alle in meiner Familie. Aber im Gefängnis hat sich mir der Schöpfer geoffenbart – in Jesus!»

Nun stellte Detlef sein ganzes Gepäck auf den Boden,

umarmte mich und wollte mehr wissen. Mit Tränen in den Augen hörte er meine Geschichte der letzten Jahre.

Ich suchte Gemeinschaft, und es war mir klar, dass ich vor Detlef keine Geheimnisse haben durfte. Wir waren die ersten unter den Bibelschülern, die sich so austauschten und kennenlernten. An diesem Tag wurden wir zu guten Freunden. Im Herrn waren wir ja sowieso schon Brüder.

Am Abend stellten sich die Mitarbeiter vor. Unter ihnen war eine Frau namens Ulrike. Sie kam aus Frankfurt am Main und war wie eine Nonne gekleidet. Ich hatte noch nie mit Menschen gesprochen, die so gekleidet waren wie sie – vielleicht aus Respekt. Nach und nach erfuhr ich, dass sie eine Diakonisse war. Man erzählte mir, wie diese Frauen leben.

Schwester Ulrike und ihre Ausstrahlung faszinierten mich. Mit ihren roten Wangen sah sie richtig gut aus, ohne irgendwie nachhelfen zu müssen, und sie lächelte vom frühen Morgen bis zum Abend den ganzen Tag.

Ich dagegen hatte Sorgen ohne Ende, und mit meinen langen, schwarzen Locken sah ich recht wild aus. Plötzlich war mir mein Aussehen peinlich. Aber keiner zeigte auch nur einen Hauch von Ablehnung. Eigentlich bewunderten sie ja meine Lockenpracht, und ich ließ meine Haare dann auch stehen. Wieder einmal stellte ich fest, wie so ganz anders die Christen doch sind. Wir haben in diesen drei Monaten einander wirklich liebgewonnen!

Bibelschulerlebnisse

Wir hatten verschiedene Fächer, die von mehreren Lehrern unterrichtet wurden. Was ich im Unterricht und in den Pausen hörte, tat mir sehr wohl. Auch das Essen war sehr gut. Der Kurs war aber auch anstrengend: Den ganzen Tag hatten wir Unterricht, und in den Pausen mussten wir entweder große Passagen in der Bibel lesen oder in kleinen Gruppen zusammen beten.

Sonntags nahmen wir Bibelschüler – wir waren mehr als dreißig Leute – an dem Gottesdienst in der Gemeinde des Schulleiters teil. Als Bibelschulchor trugen wir gerne zur Gestaltung des Gottesdienstes bei.

Eines Sonntags sollte ich von vorne eine Bibelstelle vorlesen. Als ich die vielen Diakonissen vor mir sah, wurde mir bewusst: Der lebendige Gott war wirklich hier, und alle Menschen sind vor ihm gleich, aus welcher Nation oder Gesellschaftsschicht auch immer sie kommen. Das begeisterte mich, und ich las voller Freude meinen Bibeltext vor, 2. Korinther 5, Vers 17 bis 21: «Gehört jemand zu Christus, dann ist er ein neuer Mensch. Was vorher war, ist vergangen, etwas Neues hat begonnen. All dies verdanken wir Gott, der durch Christus mit uns Frieden geschlossen hat. Er hat uns beauftragt, diese Botschaft überall zu verkünden. Denn Gott ist durch Christus selbst in diese Welt gekommen und hat Frieden mit ihr geschlossen, indem er den Menschen ihre Sünden nicht länger anrechnet. Gott hat uns dazu bestimmt, diese Botschaft der Versöhnung in der ganzen Welt zu verbreiten. Als Botschafter Christi fordern wir euch deshalb im Namen Gottes auf: Lasst euch mit Gott versöhnen! Wir bitten euch darum im Auftrag Christi. Denn Gott hat Christus, der ohne jede Sünde war, mit all unserer Schuld beladen und verurteilt, damit wir freigesprochen sind und Menschen werden, die Gott gefallen.»

Das war ganz sicher der Heilige Geist gewesen. Er machte mir klar: «Raschid, komm, vergiss doch das alles über Araber, Juden, Deutsche oder Chinesen. Ich bin euer Schöpfer, und ihr seid alle meine Kinder.»

Das waren wirklich nicht meine eigenen Gedanken. Das war der Heilige Geist Gottes! Nur schade, dass nicht alle Menschen auf der Erde so denken.

Zwei-, dreimal in der Woche rief ich Wolfgang an und berichtete ihm. Wolfgang hörte mit Erleichterung, dass ich gerne dort war und in dieser wertvollen Zeit viel Segen von Gott empfing. Das mit der Bibelschule war wirklich eine gute Idee gewesen! Danke, Wolfgang. Danke, Michaela.

Zweimal im Monat schickte mir Wolfgang einen Scheck mit der Unterstützung und mit dem Arbeitslosengeld. Wolfgang ist der beste Mensch, den ich je kennengelernt habe. Ich gebe zu, das ist eine anfechtbare Aussage, zumal ich viele großartige Menschen kennengelernt habe.

In dieser Zeit war ich wieder verliebt. Mirjam war jung und blond und besuchte mich einige Male. Wir hatten uns in der Freiburger Gemeinde kennengelernt. Ich war sehr glücklich über diese Freundschaft und liebte es, mit Mirjam zu telefonieren oder sie um mich zu haben. Ich freute mich sehr, dass sie auch an Jesus glaubte. Gerne wollte ich sie besser kennenlernen und wollte nur ihr Bestes.

Einmal hat Mirjam mich in der Bibelschule besucht, übers Wochenende. Sie fuhr mit dem Zug von Freiburg nach Solingen. Das ist Liebe! Doch als ich sie wieder einmal anrief, wollte sie nicht mit mir sprechen und bat mich, sie nicht mehr anzurufen. Ich verstand die Welt nicht mehr. Meine frühere Freundin Sonja war nicht gläubig gewesen. Zwei Jahre waren wir befreundet gewesen, bevor sie sich von mir abwandte. Das war noch vor meiner Inhaftierung gewesen. Und nun wieder? Ich begriff gar nichts mehr.

Vielleicht wollte Mirjam deshalb nichts mehr mit mir zu tun haben, weil sie von meinem Gefängnisaufenthalt erfahren hatte. Davon hatte ich ihr erst später erzählen wollen, nicht gleich in den ersten Monaten. Am schlimmsten war für mich, dass sie unsere Beziehung ohne jede Vorwarnung beendete und ohne mir den Grund zu nennen.

Wolfgang und Michaela halfen uns später, einander zu vergeben. Für mich war das allerdings zunächst eine reine Willensentscheidung. In meinem Inneren rumorte es weiterhin. Monatelang betete ich, dass Gott mir die Bereitschaft schenken sollte, Mirjam zu vergeben. Irgendwann konnte ich sie dann wirklich loslassen, und von da an sah ich sie mit den Augen eines wahren Christen. Wir haben uns nicht wieder befreundet, aber wir können einander locker und unbefangen begegnen. Gott sei Dank!

Der Bibelkurs ging zu Ende. Nach der Abschlussfeier tauschten wir unsere Adressen aus, um füreinander zu beten, wenn einer von uns Gebetsunterstützung brauchte. Meine Mitschüler wussten alle, dass die Frage meines Bleiberechts noch nicht geklärt war, und ich bekam in der Folgezeit viele Anrufe und Briefe von meinen lieben Kollegen.

Eine Wohnung mit Dieter

Zurück in Freiburg wartete ein schönes Angebot auf mich: Martin Oettinger, der Leiter des Schwarzen Kreuzes Freiburg, bot mir in der Nähe eine Zweizimmerwohnung an – für mich und für Dieter, den ich in der Lockerungsabteilung kennengelernt hatte. Dieter war gerade entlassen worden und wohnte schon in der Wohnung. Nichts lieber als das! Lange genug hatte ich bei anderen Leuten gewohnt. Die kleine Wohnung war groß genug für uns zwei gläubige Junggesellen, und sie war sehr günstig.

So wohnten Dieter und ich beinahe zwei Jahre zusammen. Wir beteten und kochten miteinander, tauschten uns aus – und manchmal stritten wir auch. Unser Glaube hatte uns stark gemacht und gereinigt von allem Zerstörerischen. In dieser Zeit besuchten wir den Hauskreis von Martin und Angelika, von denen wir die Wohnung gemietet hatten.

Dieter machte eine Schulung und fand sofort eine Arbeitsstelle als Schmuck- und Uhrenverkäufer bei dem Ehemann einer Frau aus dem Hauskreis. Einige Male hatte ich ihre kleinen Kinder gehütet. Es war eine sehr nette und gesegnete Familie. Dieter verbrachte fast den ganzen Tag bei der Arbeit, und ich war tagsüber alleine. So lud Angelika mich ein, bei ihnen zu Mittag zu essen.

Manchmal hütete ich auch die zwei kleinen Kinder der Familie. Das tat ich gerne. So konnte ich Martin und Angelika ein wenig vergelten, was sie mir Gutes getan hatten. Angelika kann sehr gut kochen, und das Essen war jedes Mal ein Fest. Als Rechtsanwalt arbeitete Martin von zu Hause aus, so sahen wir uns beinahe jeden Tag. Wieder einmal hatte Gott gut für mich gesorgt. Auch von dieser Familie durfte ich viel lernen, und ich bin dankbar für diesen großen Segen. Es war wirklich gut, mit dieser christlichen Familie Gemeinschaft zu haben.

Andererseits befand ich mich in einer sehr kritischen Situation: Immer noch hatte ich kein Bleiberecht und deshalb auch keine Arbeitsgenehmigung. Um abzuschalten, ging ich ab und zu nach Freiburg in die Disco. Weder Martin noch Dieter waren davon begeistert, und sie ermahnten mich brüderlich. Das berührte mich sehr. Aber ich dachte, was verstehen die schon, wie es mir geht?! Ich bin Anfang dreißig und darf noch nicht mal arbeiten, und die haben eine schöne Arbeit und verdienen gut. Sie alle haben nicht die Sorgen, die ich habe. – Aber es war trotzdem gut, dass sie mich ermahnten; ich brauchte es wirklich.

Maria

Eines Tages klingelte es in aller Morgenfrühe. Ich lag noch im Bett, Dieter war schon zur Arbeit gegangen. Es war Wolfgang. Er war auf dem Weg zur Arbeit und brachte mir einen amtlichen Brief mit dem endgültigen Abschiebungsbescheid. Welch ein Schock! Ich zitterte am ganzen Leib und hatte riesige Angst. Wolfgang meinte noch, meine einzige Chance wäre, eine deutsche Frau zu heiraten.

«Wen denn, bitte schön?»

«Die Maria, ihr seid doch gut befreundet, oder nicht?»

Nun, wir kannten uns von der Bibelschule, und es gingen viele Briefe zwischen uns hin und her. Wir telefonierten auch miteinander, und ich fand sie sehr nett, zumal sie eine gläubige Frau war. Aber ihr nun zu sagen: «Bitte heirate mich, weil ich sonst abgeschoben werde» – das kam nicht infrage. Ich hatte ja mit Frauen schon schmerzhafte Erfahrungen gemacht und war da ein wenig in der Defensive.

«Nein!», sagte ich bestimmt.

«Ruf sie doch an und sage ihr zumindest Bescheid, dass du Deutschland verlassen musst!», versuchte Wolfgang es noch einmal. «Ich finde, du solltest sie zumindest darüber informieren!» Damit ging er zurück zum Auto.

Nun hatte ich Zeit zum Nachdenken. Nachdem ich gebetet hatte, rief ich Maria an und berichtete ihr von dem Abschiebungsbescheid – in spätestens zwei Wochen müsse ich Deutschland verlassen. Ob es überhaupt keine Möglichkeit gäbe, dass ich doch in Deutschland bleiben könne, fragte sie mich daraufhin.

«Mein Betreuer sagt, nur wenn ich heirate.»

«Dann heiraten wir!»

Das war ihr voller Ernst. Ich war fast im siebten Himmel! Doch da war noch was: «Und wenn deine Eltern dagegen sind?»

Für Maria war es klar: «Ich werde es ihnen sagen, und wenn sie nicht wollen, ist es *ihr* Problem. Wir heiraten trotzdem!» Was für eine mutige Frau! …

Gesagt, getan – noch am selben Tag rief Maria mich an, und was sie mir erzählen konnte, beruhigte mich. Nun war ich wirklich mitten im siebten Himmel!

Maria wohnte in Nordrhein-Westfalen und ich im äußersten Südwesten Deutschlands, etwa 600 Kilometer von Maria entfernt. Die Zeit war knapp, und wir beschlossen, so schnell wie möglich standesamtlich zu heiraten. So bestellten wir das Aufgebot und verließen das Rathaus mit der Gewissheit, dass ich nun nicht mehr abgeschoben werden durfte. Die Trauung sollte im Februar 1995 stattfinden.

Über Weihnachten war ich bei Marias Eltern eingeladen. Maria war die einzige Christin in ihrer Familie. Mir war nicht ganz wohl dabei, aber ich sagte zu.

An Heiligabend, wir hatten gut gegessen und Geschenke ausgetauscht, nahm Maria eine Flasche Sekt, stand auf und eröffnete ihrer Familie, dass wir heiraten würden.

Die Eltern lachten, aber ihre vier Geschwister brachten kein Wort heraus. Wir stießen an, und Maria machte mir eine Liebeserklärung. Darüber freute ich mich enorm! Der Herr liebte mich wirklich und hatte meine Gebete erhört. Ich wollte ja nicht einfach nur in Deutschland bleiben, sondern eine Familie gründen und weiter im Glauben wachsen.

Langeoog

Silvester verbrachten wir auf der Nordseeinsel Langeoog bei Marias Freunden und früheren Arbeitskolleginnen. Maria hatte dort vier Jahre lang als Kinderkrankenschwester gearbeitet. Es tat mir gut, wie meine zukünftige Frau mich offensichtlich bewunderte und mich allen vorstellte. Ihre Freunde freuten sich mit ihr, auch wenn sie alle noch ledig waren. Einige von ihnen hatten noch nicht einmal einen Freund oder eine Freundin, aber sie konnten sich mit Maria freuen. Sie waren alle gläubige Christen, und wir feierten mit ihnen Silvester – in aller Ehrbarkeit und trotzdem mit viel Spaß.

Nie zuvor war ich so hoch im Norden gewesen. So genoss ich es nicht nur, mit Maria verlobt zu sein, ich freute mich auch an der Nordsee und der Insel mit ihrer frischen und gesunden Luft und an dem wunderbaren Blick zum Horizont. In diesen Tagen konnte ich wirklich die Last des Alltags samt Abschiebungsstress hinter mir lassen. Sie waren für mich in der Tat ein Geschenk von Gott.

Unsere Hochzeit

Eine gute Woche vor der Trauung beschloss ich, meiner lieben Maria ein besonderes Geschenk zu machen und wie sie Nichtraucher zu werden. Die ganze Woche vor der Hochzeit lag ich mit Fieber im Bett. Meine Freunde zogen mich auf und meinten, ich sei eben aufgeregt. Mir schienen es eher Entzugserscheinungen zu sein. Ich hatte über zehn Jahre lang geraucht, und mein Körper war abhängig geworden. Aber ich danke Gott dafür, dass er mir half, und Maria freute sich sehr.

Wir feierten in einem Ferienhaus im Elsass. Es war ein schönes langes Wochenende! Ich kam aus Marokko und lebte nun in Baden-Württemberg, meine Frau kam aus Nordrhein-Westfalen – und trotzdem durften wir eine so schöne Hochzeit mit so vielen Gästen feiern! Ich kann nur sagen: Gott ist groß!

Ich lud alle meine lieben Freunde ein, die mich in meiner Zeit im Gefängnis und auch anschließend unterstützt hatten: Mitarbeiter des Schwarzen Kreuzes, Leute aus der Gemeinde und dem Hauskreis und natürlich die Familie meiner Braut und einige ihrer Freunde. Es war der schönste Tag meines Lebens! Wir feierten gemeinsam mit vielen Dank- und Lobliedern.

Inzwischen sind wir seit siebzehn Jahren verheiratet. Gemeinsam haben wir die zwei besten Kinder der Welt, eine Tochter und einen Sohn.

Nachdem ihre Kündigungsfrist verstrichen war – Dieter

war inzwischen bei mir ausgezogen –, kam Maria ganz zu mir. Es fiel ihr nicht leicht, ihre Familie und ihre Freunde zu verlassen; dazu kam die Suche nach einer neuen Arbeitsstelle. Doch die Liebe der vielen gläubigen Menschen, die uns beiden sehr nahestanden, erleichterte ihr den Wechsel. Gott sei Dank.

Maria fand auf Anhieb eine geeignete Arbeitsstelle in der Nähe, und nach siebzehn Jahren arbeitet sie immer noch dort mit einem unbefristeten Arbeitsvertrag.

All dies ist kein Zufall. Das sind große Geschenke Gottes und Zeichen seiner Liebe zu uns.

Unsere Freunde unterstützten mich in vielerlei Hinsicht. Als Ausländer und ohne Familienangehörige wäre es für mich sonst sehr schwer gewesen.

Wünsche und Pflichten

Doch damit nicht genug. Gott erfüllte mir viele weitere Wünsche. Schon lange hätte ich gerne den Führerschein gehabt – und ich konnte ihn nun machen. Danach konnte ich mich in Freiburg zum Fremdsprachenkorrespondenten ausbilden lassen. Nach vielen Bewerbungen erhielt ich dann die Zusage von einem ziemlich renommierten Hotel für eine Vollzeitstelle an der Rezeption in Nachtschicht.

Wir waren jung verheiratet, und es wäre sicher nicht gut gewesen für unsere Ehe, wenn Maria den ganzen Tag gearbeitet hätte und ich die ganze Nacht. So verzichtete ich auf die Stelle. Das fiel mir nicht leicht. Ich tat es meiner Frau zuliebe – sie hatte ja wirklich recht damit.

Meinen Verpflichtungen im Haushalt kam ich gerne nach, bewarb mich aber weiterhin – und erhielt eine Absage nach der anderen oder wurde nur befristet eingestellt. Meine liebe Maria ermutigte mich: Ihr Einkommen reiche doch für uns beide aus. Nun ja, das war schon richtig, aber auf Dauer befriedigte mich diese Situation nicht. Sehr gerne wollte *ich* das Geld nach Hause bringen.

Eines Tages machte mir Gott beim Bibellesen klar: «Das ist schon in Ordnung. Lass es gut sein.»

Schlagartig verstand ich, dass mein Wunsch dieses Mal nicht nach dem Willen Gottes war. So begann ich, meine Rolle als Hausmann anzunehmen und zu schätzen – ja, ich wurde sogar stolz auf diese Tätigkeit. Besonders gut gefielen mir daran das Einkaufen und das Kochen. Immer noch liebe ich die marokkanische Küche. Dabei koche ich nie aus dem Kochbuch, sondern immer nur nach Gefühl und Geschmack. Meinen ersten und wichtigsten Kochunterricht hatte ich bei meiner Mutter und meiner älteren Schwester gehabt; beim Gemüseputzen konnte ich sie immer gut beobachten. Schon als Student hatte ich selbst gekocht – so schmeckte es mir am besten: wie bei meiner Mutter.

Manchmal habe ich große Lust auf eine Ramadan-Suppe. Sie ist der deutschen Frühlingssuppe ähnlich. Oder es gibt Couscous, eine Art klitzekleiner gedämpfter Grießklößchen aus Weizen, Gerste oder Hirse. Dieses Gericht ist sehr aufwändig. Eine arabische Hausfrau braucht dafür zwei bis vier Stunden.

Auch mir geht es dabei nicht besser. Aber es ist der Mühe wert, und ich freue mich über das gute Essen, vor allem auf die Beilage mit frischem Gemüse wie Karotten, Zucchini, Kürbis und dazu noch Kichererbsen und, wenn man möchte, sogar Rosinen. Besonders lecker schmeckt Couscous mit Hühnerfleisch. Man kann Couscous auch als Fertigprodukt kaufen. Das habe ich aber nie getan. Notfalls koche ich stattdessen Spaghetti oder Kartoffeln.

Wiedersehen in Marokko

Meinen ersten Besuch bei meiner Familie in Marokko machte ich alleine. Neun lange Jahre hatte ich meine Eltern und Geschwister nicht mehr gesehen. Von meiner Inhaftierung in Deutschland hatten sie durch einen Landsmann erfahren; eigentlich hatte ich sie nicht damit belasten wollen. Als ich nun ankam, jubelten sie alle und freuten sich, mich wieder gesund bei sich zu haben.

Nur mein Vater blieb still. Ich küsste seine beiden Hände und seinen Kopf, wie es bei uns üblich war, und er segnete mich ganz leise auf seine Art. Daran erkannte ich, dass er sich über meine Ankunft freute, auch wenn er nicht in den allgemeinen Jubel einstimmte.

Ja, mein Vater. Auf den ersten Seiten dieses Buches habe ich ausführlich über ihn berichtet. Das tat ich nicht etwa, weil ich noch auf ihn zornig wäre. Als Christ konnte ich meinen Vater lieben, obwohl er mir gegenüber sehr ungnädig, ja sogar grausam war. Dies erwartet Gott von mir, einem Gläubigen: Dass ich Vergebung nicht nur ausspreche, sondern auch praktiziere. Ja, Gott hat mir geholfen, meinem Vater von Herzen zu vergeben und von Herzen für ihn zu beten. Mein Vater starb 2005.

Immer noch staune ich darüber, wie Gott mich verändert hat, so dass ich nun bereit bin, Menschen zu vergeben, die ich «eigentlich hassen müsste». Das tue ich nicht aus Zwang oder aus Angst vor Gott, sondern aus Liebe zu Jesus, der sich für mich hingegeben hat und mir damit die Kraft und die Bereitschaft verliehen hat, anderen zu vergeben.

Diese Vergebung geschah allerdings nicht auf einen Schlag. Der Heilige Geist hat mir immer wieder klargemacht, dass mein Vater nicht anders konnte. Ohne den Heiligen Geist konnte er nur so hart sein. Für meinen Vater war dies die beste Methode, seine Familie zu führen und seine Kinder zu erziehen. Er war überzeugt, alles richtig zu machen.

Ich weiß auch, dass meine Eltern gar nicht anders konnten. Sie haben nur wenig Bildung genossen und wurden selbst so erzogen. Außerdem sollen wir unseren Vater und unsere Mutter ehren, ob sie nun freundlich sind, schwierig oder gar gewalttätig. Daran habe ich keinen Zweifel. – Und nun war ich also nach vielen Jahren und einschneidenden Erlebnissen wieder zu Hause.

Schnell waren wir mitten im Gespräch. Alle brannten darauf, zu erfahren, warum ich ins Gefängnis gekommen war. Ich antwortete nur, das sei nun Vergangenheit und Gott habe es eben so haben wollen. Dafür hatten sie nur ein höfliches Lächeln übrig.

Aber mit der Zeit merkten sie, wie sehr ich mich verändert hatte – und zwar zum Guten. Nach dem Essen stand ich jedes Mal auf und half meiner Mutter beim Abräumen. Meine beiden älteren Brüder, die auch zu Besuch gekommen waren, blieben sitzen und ließen sich nur bedienen, wie es in arabischen Ländern üblich ist. Sie wunderten sich über mein so anderes Verhalten. Meine Mutter staunte und lachte laut, lobte mich und meinte dann, ich solle doch auch sitzen bleiben.

Ohne alle Scheu vor meinem Vater erwiderte ich, das sei eigentlich nicht in Ordnung, wenn der Mann und die erwachsenen Kinder sich wie die Paschas benehmen und sich von der Frau bzw. von der Mutter nur immer bedienen ließen. Das erregte den Widerspruch meines Vaters, und er rezitierte Koranverse: Dass Allah den Männern vor den Frauen den Vorzug gäbe und dass er die Frauen als Diener des Mannes geschaffen habe. Als Christ konnte ich das nicht nachvollziehen und sagte zu meinem Vater, der wahre Schöpfer der ganzen Menschheit würde so etwas nie und nimmer erwarten. Diese Lehre stamme von Menschen.

Mein Vater hielt dagegen, so stünde es im Koran, und wir müssten es glauben. Natürlich fürchtete ich mich, ihm zu sagen, dass ich kein Moslem mehr war. Das hätte das Ende unserer Beziehung bedeuten können und auch den Bruch mit der ganzen Familie. Schließlich war mein Vater nicht nur ein einfacher Moslem, vielmehr war er über vierzig Jahre lang Koranschullehrer und Vorbeter in der Moschee gewesen. Nichtsdestotrotz wollte ich ihm klarmachen, in diesem Fall sei der christliche Glaube vernünftiger als der Islam.

Mein Vater war entsetzt! Er fand keine Worte mehr.

Mein zweitältester Bruder schaltete sich ein: Alles Gute entspränge eigentlich dem Islam. Die besten Tugenden anderer Religionen hätten sie eben vom Islam übernommen.

Was soll man dazu sagen? Denn immerhin ist der Islam die am spätesten entstandene der großen Weltreligionen ...

Ich fragte meinen Vater, was nach dem Tod mit seiner Ehefrau passieren würde. Er erklärte, im Paradies würde sie zusammen mit zahlreichen anderen überaus hübschen Frauen in Ewigkeit weiterhin ihrem Ehemann dienen. Dies belustigte mich sehr. Meinem Vater war es aber sehr ernst, und er zitierte weitere Koranverse. Diese typisch islamische Art, andere zu überzeugen, war mir nicht neu. Mehr als zwanzig Jahre lang war ich ja selbst davon überzeugt gewesen. Nie hätte ich gedacht, dass ich eines Tages Christ werden würde!

Nun hatte ich eine andere Idee: Ich stellte meinen Vater zur Rede. Das ganze Leben lang hatte er seine Ehefrau, meine Mutter, nur als Untertanin behandelt. Das sei sehr traurig und könne doch nicht im Sinne des wahren Schöpfers sein, sagte ich. Zunächst lachte meine Mutter darüber und lobte mich. Dann setzte sie sich hin und begann zu weinen.

Mein Vater sagte zunächst kein Wort. Er lächelte nur siegesgewiss. Dann erklärte er im Brustton der Überzeugung, schließlich verdiene *er* das Geld für die ganze Familie, und deshalb hätte nur er zu befehlen. Ich erwiderte, dass auch meine Mutter ihr Leben lang viel gearbeitet habe – eben im Haushalt.

Meinem ältesten Bruder und meiner jüngeren Schwester wurde es ungemütlich. Sie zwinkerten mir zu und wollten mir damit sagen, ich solle unseren Vater respektieren und ihm nicht widersprechen. Was sollte ich tun? Ich spürte, wie der Heilige Geist Gottes mir sagte, ich solle nun *für Jesus* eifern.

Das fiel mir wirklich schwer. Doch mit Gottes Hilfe wagte ich es und begann, über die Wunder Jesu zu sprechen: Selbst im Koran würde über sie berichtet, und deshalb müssten sie echt sein. Jesus habe sein Leben hingegeben, nicht um irgendwelchen materiellen Reichtum zu erwerben. Er habe sich auch nicht vor seinen Feinden versteckt. Mohammed dagegen habe mit Schwert und Ross gegen seine Feinde und die Ungläubigen gekämpft und, wie man im Koran lesen kann, sich vor ihnen versteckt.

Das war zu viel! Nicht nur mein Vater, sondern auch meine Brüder wurden nun sehr ungehalten. Da ich Fanatismus ohne Logik hasse, stand ich auf und machte Anstalten, in die Stadt zu gehen. So weit wollten sie es nun doch nicht kommen lassen und wurden wieder freundlicher.

Gott sei Dank für die Geduld, die ich früher nicht gehabt hatte. Ich bin Gott auch sehr dankbar, dass wir uns trotz all der inneren Diskrepanzen und der weiten Entfernung immer noch sehr lieben. Meine Geschwister freuen sich, wenn ich im Urlaub nach Marokko komme, wenn ich ihnen schreibe oder mit ihnen telefoniere. Wir respektieren einander, und wir freuen uns, voneinander zu hören.

Einmal haben Maria und ich auch gemeinsam meine Familie besucht. Unsere Tochter war damals 21 Monate alt und unser Sohn ein Vierteljahr. Ich bin Gott sehr dankbar dafür, dass mein Vater meine deutsche Frau gut aufnahm und nichts gegen sie einzuwenden hatte.

Doch auch bei diesem Besuch gab es Auseinandersetzungen zwischen mir, meinem Vater und meinem ältesten Bruder. Obwohl Maria kein Arabisch kann, spürte sie die Spannung in unserer Familie. Es war für sie alle unannehmbar, dass ich Jesus und seine wahre Liebe verteidigte. Maria bat mich, den Streit zu beenden, aber es war eigentlich kein Streit, es ging «nur» um den Glauben.

Wir werden Familie

Gerne wollten wir Kinder bekommen, wenn auch nicht sofort. Im zweiten Jahr nahm Marias Kinderwunsch stark zu, und auch ich wollte gerne Vater werden. So vergingen zwei Jahre – und trotz aller Gebete bekamen wir immer noch kein Kind. Wir waren enttäuscht und irgendwie auch verzweifelt.

Maria schlug vor, medizinische Hilfe in Anspruch zu nehmen. Davon wollte ich zunächst nichts wissen. Als gutem Araber war mir in dieser Sache jedes medizinische Eingreifen zuwider. Schließlich konnte Maria mich doch überzeugen, und wir ließen uns einen Termin geben. Wie ich befürchtet hatte, wurde uns empfohlen, eine künstliche Befruchtung vorzunehmen. Nein! Auf gar keinen Fall!

«Gott, warum tust du nichts?»

Da, ein Gedanke: *Vor Jahren hat dich dein Vater verflucht, du solltest niemals Kinder kriegen. Bete mit anderen Gläubigen darüber!*

Das war sicher der Heilige Geist. Schlagartig erinnerte ich mich an eine lange zurückliegende Situation. Ich hatte meinen Eltern gesagt, ich würde nie eine arabische Frau heiraten. Voller Zorn hatte mein Vater geflucht: «Du wirst nie im Leben Kinder kriegen!» Meine liebe Mutter hatte nichts zu melden, sie weinte nur.

So sprach ich mit meinem lieben väterlichen Freund Wolfgang darüber. Ich war zwar Christ geworden, aber konnte es sein, dass dieser Fluch immer noch wirksam war? Wolfgang bestätigte mir, auch als Christ könne man noch Flüche mit sich herumtragen, Flüche durch die Vorfahren oder auch durch andere Menschen. Man nennt sie auch negative oder selbsterfüllende Prophezeiungen.

Viele Menschen haben ja keine Ahnung, welche Macht ihre Worte haben. Sonst würden sie ihren Kindern niemals Sätze an den Kopf werfen wie «Aus dir wird nie etwas» oder «Du hast zwei linke Hände». Worte haben Macht, im Guten wie im Bösen. Das sieht man deutlich an den lateinischen Wörtern für «segnen» und «fluchen»: «gut reden» bzw. «schlecht reden».

Ich glaube, mein Vater wusste, was er tat, als er mich anschrie: «Du wirst nie im Leben Kinder kriegen!» Und auch meine Mutter hatte die Tragweite seiner Worte erfasst, sie weinte sicher nicht nur wegen der Aussicht auf eine ausländische Schwiegertochter. Im Islam sind Flüche ein alltägliches Mittel der Einschüchterung und Rache.

Solch ein Satz (besonders wenn man ihn immer wieder zu hören bekommt) klingt einem ein Leben lang in den Ohren nach, er wird zu einer schweren Last, er macht Angst und raubt die Lebensfreude und auch das Vertrauen in die eigenen Fähigkeiten. Er lässt uns Schlimmes erwarten. Ich musste es selbst erleben, dass solch ein Fluch viel Lebensqualität rauben kann.

Aber Wolfgang wusste Rat: Man könne diese Flüche im Gebet dem Herrn Jesus Christus abgeben. Ob ich meinem Vater vergeben wolle? Ja, das wollte ich tun. So beteten wir zusammen, und ich übergab diesen Fluch mit meinen eigenen Worten an Jesus Christus. Gemeinsam dankten wir dann Gott, dass er uns Kinder schenken würde.

Kaum zwei Wochen später umarmte mich Maria eines Morgens mit einem Freudenschrei: «Raschid, wir sind schwanger!»

Ich antwortete ihr in gleicher Lautstärke: «Ja, Gott hat unser Gebet erhört!»

Auch Wolfgang freute sich riesig über diese gute Nachricht.

Geschafft!

Die Wehen setzten am frühen Morgen ein. Maria weckte mich, und in Rekordzeit saß ich hinter dem Lenkrad. Auf dem Weg zur Entbindungsstation in Freiburg raste ich wie ein Notarztwagen. Zum Glück waren die Straßen frei. Die Strafzettel und die Punkte in Flensburg nahm ich eben in Kauf.

Bei der Ankunft hatte Maria schon Fruchtwasser verloren. Trotzdem mussten wir leider längere Zeit auf den Arzt warten. In einer solchen Situation ist eine Viertelstunde sehr, sehr lang. In der Zwischenzeit kümmerte sich eine ältere Krankenschwester um uns, vermutlich kam sie aus einem Entwicklungsland. Der Arzt hatte Angst, das Kind könne ersticken, und rief nach der Saugglocke. Ich hatte große Angst um Maria und um das Kind.

Verzweifelt sagte ich zu der Krankenschwester: «Gott segne Sie, Schwester!»

Das erheiterte sie sehr: «Ah, er hat mich gesegnet, er hat mich gesegnet!»

Der Arzt lachte mit und begann dabei, mit der Faust von oben her auf Marias Bauch zu drücken. Mir kam diese Methode ziemlich rabiat vor. Wie schaffen das unsere Frauen in den arabischen Ländern nur ohne jegliche ärztliche Hilfe?

Arzt hin, Arzt her – ich hatte starke Zweifel, ob es dieser Mann schaffen würde, das Kind rechtzeitig herauszubringen. Mit einer Hand hielt ich die Hand meiner schreienden Frau; die andere Hand legte ich auf ihre Stirn und begann, mit geschlossenen Augen zu beten.

Plötzlich hörte ich den Arzt sagen: «Geschafft! Ein Mädchen!»

Meine Frau hörte auf zu schreien, und ich war natürlich extrem erleichtert.

«Nur» ein Mädchen, kein Junge? ...

Sofort machte mir der Heilige Geist klar, dass dies Gedanken vom Feind waren. Sie waren ganz sicher nicht von Gott. Auf der Stelle wich dieser Gedanke einer unbeschreiblich großen Freude über meine eigene Tochter. Gott ist groß und wunderbar.

Wir hatten auch lange genug auf unser erstes Kind gewartet. Unsere Tochter war noch keine neun Monate alt, da wurde Maria wieder schwanger. Dieses Mal bekamen wir tatsächlich einen Jungen. Die Geburt war viel leichter als beim ersten Kind. Preis den Herrn! Ich freue mich oft über diese hervorragende Kombination. Meine lieben Kinder, ich liebe euch beide und würde euch gegen alles Geld der Welt nicht eintauschen!

Zur Ehre Gottes möchte ich hier erwähnen, dass mich Gott von allen schlechten Kindheitserlebnissen geheilt und mir sogar ein sehr liebes, väterliches Herz geschenkt hat. Ich behandle meine Kinder nicht so, wie mein Vater mich behandelt hat. Allerdings erziehe ich sie schon ein wenig strenger, als es Europäer gewöhnlich tun. Meiner Ansicht nach haben die Kinder und Jugendlichen in Europa zu viel Freiheit, und das schadet ihnen. Immer wieder werden meine Kinder gelobt wegen ihrer guten Erziehung. Gott sei Dank!

Meine Kinder gehen noch zur Schule, aber in einigen Jahren werden sie erwachsen sein. Dann sind sie selbst für ihr Leben verantwortlich. Bis dahin ist es unsere Verantwortung, ihnen den richtigen Weg zu zeigen. Sie fragen mich immer wieder, was ihnen erlaubt ist und was nicht.

Genau das sollten wir immer wieder unseren himmlischen Vater fragen. Er ist der Vater aller Väter (Epheser 3, Vers 14 und 15), und er liebt es, wenn wir ihn fragen.

Ich bin sehr dankbar, dass ich in Jesus Christus Gott so kennenlernen durfte, wie er wirklich ist. Diesen kostbaren Glauben möchte ich auch meinen Kindern vermitteln. Natürlich halte ich es für richtig, seine Kinder zum Glauben zu erziehen, aber nicht unter Zwang und mit Schlägen, wie ich es erlebt habe. Ich bin überzeugt, dass eine so herbe, strenge Erziehung zur Radikalisierung beiträgt.

Wenn die Kinder alt genug sind, haben sie volle Freiheit, sich für einen Glauben ihrer Wahl zu entscheiden.

Ich bin immer für meine Kinder da. Es freut mich sehr, ihnen Freude zu bereiten. Beiden habe ich das Fahrradfahren, das Rodeln, das Fahren mit Inline-Skates, Tischtennis, Schwimmen und anderes beigebracht und ihnen bei den Hausaufgaben geholfen. Sie haben die marokkanische Küche kennengelernt und damit auf ganz natürliche Weise ein wichtiges Stück der Kultur meines Heimatlandes. Gott sei Dank haben sie auch immer, was sie brauchen. Gott hat mich mit allem beschenkt, was ich wirklich benötige.

Dies war eine sehr schöne Seite meiner Tätigkeit als Hausmann: Im Gegensatz zu vielen anderen Vätern hatte ich einige Jahre lang die Möglichkeit, mich täglich um meine Kinder zu kümmern, die ich sehr liebe. Viele Kinder sehen ihren Vater die Woche über ja kaum, und dann ist er vielleicht sehr müde von der Arbeit. Ich freute mich über das Vorrecht, mit meinen Kindern zusammen zu sein und sie all das zu lehren, was sie im Leben brauchen. Es ist schön, wenn man als Vater seine Kinder prägen und lieben kann. Ich bin gerne Vater und habe Freude an meinen beiden prächtigen Kindern.

Vorbildliche Freunde

Ich will niemals vergessen, dass Gott mir gläubige Menschen zur Seite gestellt hat, von denen ich vieles lernen durfte. Ich bewundere diese christlichen Familien, wie sie mit ihren Ehe-partnern umgehen und mit ihren eigenen Kindern. Messerste-chereien, Fremdgehen oder Scheidung kommen für sie nicht infrage. Ich spreche hier von im wahrsten Sinne des Wortes christlichen Familien und nicht von so genannten Namens-christen. Diese christlichen Familien sind mir ein großes Vor-bild, und ich bin dadurch im Glauben sehr gewachsen. Wann immer ich auf falschen Wegen gegangen bin, halfen sie mir wieder zurecht. Auch dafür bin ich ihnen sehr dankbar.

Der Kontakt zu ihnen ist noch enger geworden, und da-durch auch meine Beziehung zu Gott. Dazwischen gab es al-lerdings auch Jahre, in denen ich zwar Christ war, aber nicht den täglichen Kontakt mit Gott pflegte. Inzwischen ist es mir eine Gewohnheit, jeden Tag Zeit mit Gott zu haben, und da-rüber bin ich froh. Jeden Morgen danke ich Gott für mein Le-ben und für seine Liebe zu mir. Ich bitte ihn, meine Frau und meine Kinder zu segnen. Seit ich meinen Tag auf diese Weise beginne, erleben meine Familie und ich mehr Ruhe und Zu-friedenheit. Ich staune darüber, wie der Herr mich verändert hat. Ihm sei Ehre und Lob.

«... das habt ihr mir getan»

Über viele Jahre hinweg habe ich nun den Dienst der Mit-arbeiter des Schwarzen Kreuzes beobachtet. Ich habe gesehen und bewundere es, wie sie ins Gefängnis gehen, für die Ge-fangenen beten und ihnen vom lebendigen Gott erzählen. Leider verbietet mir das deutsche Gesetz als ehemaligem Häftling diesen Dienst. Martin ist Anwalt, und ich habe mit ihm oft darüber gesprochen. Er wollte mich gerne mitarbei-ten lassen, aber vom Gesetz her war das unmöglich.

Nach über fünfzehn Jahren in Freiheit versuchte ich es bei dem Anstaltsleiter des Freiburger Gefängnisses, leider ohne Erfolg. Einige Zeit später haben wir es wieder versucht. Fehlanzeige! Es ließ mich trotzdem nicht los. Immer wieder betete ich dafür und sagte Gott, dass ich ihm so gerne auf diese Weise dienen wolle – schon allein deshalb, weil ich als ehemaliger Gefangener gerne berichten würde, was Gott für mich getan hat. Anfangs kommen manche Gefangene ja nur deshalb in die Gruppe, um aus der Zelle herauszukommen und etwas Unterhaltung zu haben. Trotzdem finden die meisten zum lebendigen Glauben an Jesus Christus.

Eines Tages wurde ich tatsächlich zu einem Gespräch mit der Sozialarbeiterin des Gefängnisses eingeladen. Nun, wahrscheinlich wollte sie nur wissen, warum ich so hartnäckig immer wieder um etwas bat, was doch unmöglich war. Zuversichtlich ging ich hin, um ihr meinen Wunsch und meine Gründe darzulegen. Ich erklärte ihr, ich wolle es aus Glaubensgründen tun, nicht aus Sehnsucht nach alten Bekannten oder nostalgischer Gefühle wegen.

Ich konnte mir schon vorstellen, was sie mir darauf erwidern würde. Aber nein, sie wollte nur wissen, warum ich mich in dieser Weise engagieren wollte. Danach erklärte sie mir die Regeln des Hauses, was man dürfe und was man auf keinen Fall tun sollte.

Ich war sehr erleichtert. Natürlich konnte ich diese Regelungen verstehen und signalisierte mein Verständnis.

Immer wieder wies ich sie darauf hin, dass ich dies aus Dankbarkeit gegenüber Gott tun wolle, und berichtete ihr von vielen meiner Erlebnisse mit ihm. Ich wies sie auch darauf hin, dass Jesus Christus von uns diesen Dienst erwartet und dass Gott die segnen wird, die diesen Dienst tun.

In Matthäus 25, Vers 36 sagt Jesus nämlich: «Ich war nackt, ihr habt mir Kleidung gegeben. Ich war krank, und ihr habt mich besucht. Ich war im Gefängnis, und ihr seid zu mir gekommen.» In Vers 40 sagt er: «Das will ich euch sagen. Was ihr für einen meiner geringsten Brüder getan habt, das habt ihr für mich getan.»

Mit der Zeit wurde die Frau freundlicher und begann, meine Einstellung zu schätzen. Ich redete weiter und betonte dabei immer wieder, wie dankbar ich Gott sei, denn nur er könne einem die Bereitschaft schenken, so zu handeln.

Schließlich schob sie mir einige Vordrucke zu, die ich mit großer Freude unterschrieb! Seither darf ich regelmäßig als ehrenamtlicher Mitarbeiter des Schwarzen Kreuzes zum Gefängnisbibelkreis mitkommen. «Danke, Gott! Ich staune, wie du das Unmögliche möglich gemacht hast.»

Auch die Mitarbeiter freuten sich mit mir.

Mitarbeiter beim Schwarzen Kreuz

Seit einigen Jahren gehe ich nun mit ins Gefängnis. Jede Woche bin ich dankbar, dass ich dabei sein darf. Ich staune darüber, wie zwischen uns Mitarbeitern und den Gefangenen Beziehungen entstehen und wachsen.

Wir wissen nicht und fragen auch nicht danach, warum der eine oder andere im Gefängnis ist. Wir begegnen jedem voller Liebe. Ob sie eine oder mehrere oder vielleicht gar keine Straftaten begangen haben – für uns und vor Gott sind sie alle gleich, und wir lieben sie einfach als Menschen. Jesus sagt in Matthäus 7, Vers 1 bis 3: «Urteilt nicht über andere, damit Gott euch nicht verurteilt. Denn so wie ihr jetzt andere verurteilt, werdet auch ihr verurteilt werden. Und mit dem Maßstab, den ihr an andere legt, wird man euch selber messen. Warum siehst du jeden kleinen Splitter im Auge deines Bruders, aber den Balken in deinem eigenen Auge bemerkst du nicht?»

Diese Straftäter sind schon gerichtlich verurteilt, und nun büßen sie für ihre Tat. Deshalb darf man ihnen eine Chance geben. Sie abzulehnen, hilft ihnen nicht weiter. Wer noch nie im Gefängnis war, hat wahrscheinlich Mühe, dies zu verstehen. Aber dies ist ein wunderbares Geheimnis des Glaubens. Als gläubige Betreuer von Gefangenen sehen wir sie mit den Augen des Glaubens an. Es ist verständlich, dass viele Menschen diesen Dienst nicht wirklich verstehen. Aber, ich betone es noch einmal, es ist ein Segen, diesen Dienst zu tun. Seitdem ich damit begonnen habe, empfange ich von meinen eigenen Kindern und von meiner Frau mehr Liebe als vorher – und umgekehrt: Ich glaube, ich kann meine Familie jetzt mehr lieben als früher.

Auf beiden Seiten herrscht große Freude, wenn wieder eine Woche vorbei ist und man sich im Gefängnisbibelkreis trifft. Die Inhaftierten sind von unserem Dienst für Gott sehr angetan und auch von seinem Wort und seiner Liebe. Sie wollen sich verändern lassen und draußen ein neues Leben anfangen. Wir machen ihnen klar, das sei nur mit der Hilfe Gottes möglich und nicht aus eigener Kraft. Wir als Menschen könnten das nicht bewerkstelligen. Wenn sich einer nur auf Hilfe von Menschen verlasse, täusche er sich gewaltig.

Wir wollen ihnen helfen, ihr Vertrauen auf den wahren Gott in Jesus zu setzen, das Wort Gottes (die Bibel) ernst zu nehmen, und natürlich erzählen wir auch ganz konkret von unseren Erfahrungen mit Gott und wie er uns von innen heraus verändert.

Die Gefangenen haben dann wieder eine ganze Woche Zeit, um über das Gehörte nachzudenken. Sie fangen an zu erkennen, dass sie ihren Opfern Unrecht getan haben, und auch, dass sie Gott damit beleidigt haben. Nach kurzer Zeit verändern sich ihre Gesichter zum Guten – das sehen wir deutlich. Anstatt sich mit ihren Untaten zu brüsten, wagen sie es nun zuzugeben, dass sie falsch gehandelt hatten. Sie empfinden Reue und vergießen Tränen. In Lukas 15, Vers 10 sagt Jesus: «Genau so freuen sich auch die Engel Gottes, wenn ein einziger Sünder zu Gott umkehrt.»

Die meisten Gefangenen haben diese Worte Gottes noch nie gehört. Viele von ihnen kommen zum Glauben. Als ehemaliger Inhaftierter, der im Gefängnis Gottes Stimme hörte und dort Gottes Freiheit erleben durfte, kann ich ihnen klarmachen: Es ist ein großes Geschenk Gottes und ein riesiges Vorrecht, dass sie diese Möglichkeit eines Bibelkreises im Gefängnis haben und hier von Gottes Liebe hören können. Es ist wirklich großartig, dass es überhaupt möglich ist, im Gefängnis einen Bibelkreis zu organisieren und zu besuchen.

Es ist sicher in Ordnung, dass Menschen für ihre falschen Taten gerecht und hart bestraft werden. Aber das allein ist nicht hundertprozentig richtig. Im Laufe der Geschichte haben sicherlich viele Menschen direkt vor dem Vollzug ihres Todesurteils noch geflucht und rebelliert. Eine harte Strafe allein bessert keinen. Das kann man auch an den Folgen einer strengen, harten Erziehung sehen: In der Regel übertragen diese Menschen die erlebte Strenge und Härte auf ihre eigenen Kinder und lassen sie auch andere Menschen spüren. Aber Gott kann unser Herz und unsere Einstellung verändern, wenn wir uns an ihn wenden und seine Hilfe in Anspruch nehmen. Das ist wahr. Im Leben seiner Kinder kann man das immer wieder deutlich sehen.

Ich rede hier nicht von irgendeinem frommen Getue, sondern von der Wahrheit, die unser Herr Jesus Christus von seinem Vater, unserem Schöpfer, empfangen hat. Viele Jahre lang habe ich versucht, ein frommer Moslem zu sein. Jetzt als Christ verstehe ich, dass Religiosität alleine gar nichts nutzt und dass es auch sinnlos ist, wenn wir einfach versuchen, Gottes Gebote zu halten. Das Wort Gottes sagt, dass niemand Gott gefallen kann, weil wir alle Sünder sind – es sei denn, er nehme Jesus Christus als Erlöser an. In Johannes 3, Vers 16 steht: «Denn Gott hat die Menschen so sehr geliebt, dass er seinen einzigen Sohn für sie hergab. Jeder, der an ihn glaubt, wird nicht zugrunde gehen, sondern das ewige Leben haben.»

Jesus selbst sagte von sich (Johannes 14, Vers 9): «Wer mich gesehen hat, der hat den Vater gesehen.» In Jesus Christus ist Gott zu uns Menschen gekommen. Jesus Christus ist unser Erlöser, und er ist der Einzige, der uns verändern kann.

Ein gnädiger Gott

Immer noch staune ich darüber, dass ich nun kein Moslem mehr bin, sondern Christ. Nie hätte ich das gedacht! Ich war so sehr davon überzeugt, der Islam sei die beste Religion. Ich konnte keinen Menschen akzeptieren, der nicht Moslem war. Vielleicht konnte ich zu einzelnen Nicht-Moslems mal nett sein, ja. Aber wie es der Koran lehrt, verachtete ich innerlich jeden von ihnen: Er war für mich nichts weiter als ein Verdammter. Diese Einstellung ist aber verkehrt. Wir sollten keinen Menschen verurteilen.

Dann erlebte ich die große Wende: In großer Not und Verzweiflung betete ich in einem deutschen Gefängnis aus tiefstem Herzensgrund zu Gott, und er machte mir klar, dass es nicht darauf ankommt, die beste oder die richtige Religion zu haben, sondern darauf, die Wahrheit zu erkennen und anzunehmen. Der Herr Jesus Christus sagt in Johannes 14, Vers 6: «Ich bin der Weg, ich bin die Wahrheit, und ich bin das Leben! Ohne mich kann niemand zum Vater kommen.»

Während meiner Inhaftierung betete ich intensiv zum Schöpfer des Himmels und der Erde. Dabei hatte ich Angst, Allah zu vernachlässigen oder aus den Augen zu verlieren. Der lebendige Gott in Jesus Christus hat mir aber gezeigt, dass ich nicht von dem Glauben an den wahren Gott abfalle, wenn ich an Jesus glaube. Im Gegenteil: Nur so würde ich zu dem richtigen Vater der ganzen Menschheit finden. Der wahre Gott hatte sich mir offenbart! Das bereue ich nie und nimmer. Ich musste wohl erst durch einen Streit ins Gefängnis kommen, um die Gnade des Herrn, des lebendigen Gottes Jesus Christus, zu erleben. Wie schon gesagt staune ich immer noch darüber und bin dankbar dafür.

Und ich habe es wirklich erlebt: Gottes Gnade und Barmherzigkeit – das sind nicht nur leere Worte. Gott ist wirklich und tatsächlich gnädig und barmherzig. Er ist noch weitaus gnädiger und barmherziger, als wir es uns vorstellen können.

Diese Wahrheit kann ich gar nicht oft genug betonen, deshalb wiederhole ich sie bewusst immer wieder. Gott ist ein liebender Gott. Ich weiß: Gott hat mich als sein Geschöpf von Anfang an gekannt und geliebt und wollte sich mir offenbaren. Davon bin ich sehr überzeugt.

Beinahe dreißig Jahre lang hatte ich gemäß meiner streng islamischen Erziehung gelebt. Allah wird zwar als «der Gnädige» und «der Allbarmherzige» bezeichnet. Außer diesen Attributen findet man im Islam bei Allah davon sonst aber keine Spur. Voller Angst betete auch ich Allah und seinen Propheten Mohammed an. Dazu kann ich nur sagen: Ein Glaube, der nur auf Angst und Furcht beruht, ist aus meiner Sicht kein echter Glaube! So kann auch eine Glaubenslehre, gleich welcher Religion, die nur mit Drohungen Menschen zu gewinnen versucht, kaum den wahren Charakter Gottes zeigen, dessen Herz voller Liebe ist und der uns weiden will wie ein Hirte seine Schafe.

Ich finde es sehr schade, dass man es den Menschen so schwer macht, Gott kennenzulernen und an ihn zu glauben. Ich bin froh darüber, dass ich die Wahrheit gefunden habe. Diese menschlichen Regeln und Dogmen können meinen Glauben an Gott nicht mehr hemmen.

Als ich begann, in der Bibel zu lesen, konnte ich bald feststellen: Die meisten und dazu die schönsten Eigenschaften

Allahs im Koran stammen eigentlich aus der Bibel. Im Koran steht, Allah sei ein einziger und ein ewiger Gott; doch das hatten schon Jahrtausende früher das Judentum und Jahrhunderte vor dem Koran das Christentum bejaht.

Aber der wahre Gott hat noch eine wichtige Eigenschaft, die der Islam vehement leugnet: Gott ist der Vater seines Sohnes Jesus Christus. So steht in Sure 112 des Korans geschrieben: «Er ist der eine Gott, der ewige Gott; er zeugt nicht und wird nicht gezeugt und keiner ist ihm gleich.» Jesus Christus ist im Islam also nicht als Sohn Gottes akzeptiert. Mehr noch: Im Islam ist Gott überhaupt kein Vater – und schon gar nicht ein liebender Vater. Er ist ein harter, fordernder, richtender und verdammender Gott.

Deshalb hatte ich jahrzehntelang nur aus Angst vor Strafe versucht, Allah zu gefallen – wie ich es bei meinem Vater gelernt hatte. Dabei konnte von echter Anerkennung und Respekt keine Rede sein. Dieser Art von Glaubenslehre, wie sie nicht nur mein Vater als vorbildlicher Moslem praktizierte, sondern auch alle gläubigen Moslems weltweit, mangelt es einfach an der Gnade Gottes. Aber diese Gnade Gottes kann man als Christ in Jesus Christus nicht nur begreifen, sondern auch erleben.

Die Gnade Gottes ist großartig. Jesus sagte in Johannes 8, Vers 7: «Wer von euch noch nie gesündigt hat, soll den ersten Stein auf sie werfen!» Dabei ging es um eine Ehebrecherin, deren Mitbürger sie verurteilten. Von sich selbst behaupteten sie, vollkommen gesetzestreue Menschen und keine Sünder zu sein. Jesus war der einzige Mensch, der das Recht gehabt hätte, sie zu steinigen – aber er tat es nicht! Stattdessen entließ er die Frau mit den Worten (Vers 11): «Ich verurteile dich auch nicht. Du kannst gehen; aber tu diese Sünde nicht mehr!» Das ist Gnade!

Wäre unser Gott so gnadenlos gewesen, wie es mein leiblicher Vater war, dann wäre er ungerecht. Aber das Gegenteil ist der Fall: Der wahre Gott, unser Vater im Himmel, der Vater aller leiblichen Väter (Epheser 3, Vers 14 und 15), war so gnädig, dass er ein Stück von sich selbst für uns opferte – seinen eigenen Sohn Jesus Christus. Gott weiß, dass kein Mensch jemals gut genug sein könnte, um seinem Maßstab gerecht zu werden. Er hat uns Menschen nicht nur Vorschriften gegeben, sondern auch alles geschenkt und zugesprochen, was wir brauchen, um auf dieser Erde gut zurechtzukommen und nach seinem Willen zu leben.

So kann ich jetzt, was ich früher nie für möglich gehalten hätte, von Herzen anderen Menschen vergeben. Ständig habe ich den allmächtigen, liebenden Gott und seinen Sohn Jesus Christus im Sinn, den ganzen Tag über – nicht nur am Sonntag im Gottesdienst oder wenn ich bete. Das ist in mir drin, einfach so, ohne Anstrengung. Das ist Gnade!

In Lukas 15, Vers 10 steht: «So, sage ich euch, wird Freude sein vor den Engeln Gottes über einen Sünder, der Buße tut.» Diese Worte faszinieren mich, denn sie bedeuten pure Gnade. Jene Gnade, die nur von dem wahrhaftigen und lebendigen Gott kommt, der sich sogar für uns Sünder zu unserer Erlösung opfern ließ und dann von den Toten auferstanden ist, damit wir im Himmel für ewig Gemeinschaft mit ihm haben können. Das ist Gnade!

Mit diesem Gedanken hatte ich als Moslem Mühe gehabt. Nie hätte ich gedacht, dass ich eines Tages einer dieser Christen werden würde. Moslems denken, Christen würden das Kreuz anbeten und es mehr ehren als den Schöpfer. Doch das wäre verkehrt – und es trifft auch nicht zu. Christen beten *Jesus* an, *der sich am Kreuz für uns hingegeben hat* – für jeden, der an ihn glaubt.

Der Islam kann in der Opferung seines Sohnes nicht die Gnade des Schöpfers sehen. Umso mehr wollen Moslems aus eigener Kraft ihren Platz im Paradies verdienen. Doch es ist klar, dass kein Mensch aus eigener Kraft Gott gefallen kann.

Nicht einmal die allerfrömmsten Menschen können ein Leben ohne Sünde führen.

Gott sei Dank, dass er uns Menschen seine Gnade erwiesen hat, indem er einen Teil seiner selbst opferte für unsere Erlösung. In seinem Sohn Jesus Christus kam Gott uns entgegen, weil er wusste, dass wir selbst gar nicht gerecht sein *können*. Gott ist nicht nur gnädig, er handelt auch fair, denn er weiß ja, dass wir unvollkommen sind und einen Erlöser brauchen.

Jesus hat sich hingegeben und war bereit, den Willen seines Vaters zu tun – unseres wahren Vaters. Jesus gab als einziger sündloser Mensch auf der Erde sein Leben für die ganze Menschheit, ohne einen irdischen Gewinn vor Augen zu haben. Das tat er, weil er wusste, dass er ein Teil des Vaters war und ist.

In Johannes 10, Vers 30 sagt Jesus über sich: «Ich und der Vater sind eins.» In den Versen 36 bis 38 desselben Kapitels sagt er: «Wie könnt ihr den, der von Gott selbst auserwählt und in die Welt gesandt wurde, als Gotteslästerer beschimpfen, nur weil er sagt: ‹Ich bin Gottes Sohn›? Wenn ich nicht das tue, was mein Vater will, braucht ihr mir nicht zu glauben. Tue ich es aber, dann glaubt doch wenigstens diesen Taten, wenn ihr schon mir nicht glauben wollt! Dann werdet ihr endlich erkennen und glauben, dass der Vater in mir ist und ich im Vater bin.»

Die Kurzfassung davon ist: «Ich, Jesus, bin Gottes Sohn.» Das hat er nicht nur einfach so gesagt, sondern er hat es vielen, vielen seiner Zeitgenossen bewiesen.

Auch mir hat er es immer wieder gezeigt. Deshalb glaube ich, dass die Bibel der Christen wirklich die Heilige Schrift Gottes ist. Möge der Herr, der wahre Gott, uns zur Erkenntnis der Wahrheit bringen, damit wir auf Gott schauen und selbst seine Barmherzigkeit erfahren. Er ist ein gnädiger Gott!